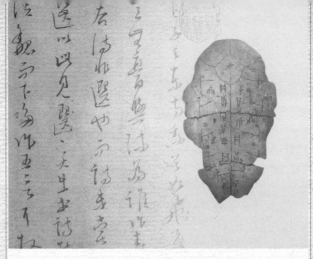

大学文科基本用书·文学
DAXUE WENKE JIBEN YONGSHU · WENXUE

古代汉语基础

(第二版)

吴鸿清 编著

图书在版编目(CIP)数据

古代汉语基础/吴鸿清编著. —2版. —北京：北京大学出版社，2015.12
（大学文科基本用书·文学）
ISBN 978-7-301-26414-0

Ⅰ.①古…　Ⅱ.①吴…　Ⅲ.①古汉语—高等学校—教材　Ⅳ.①H109.2

中国版本图书馆CIP数据核字(2015)第247213号

书　　名	古代汉语基础（第二版）
著作责任者	吴鸿清　编著
责任编辑	延城城
标准书号	ISBN 978-7-301-26414-0
出版发行	北京大学出版社
地　　址	北京市海淀区成府路205号　100871
网　　址	http://www.pup.cn　新浪微博：@北京大学出版社
电子邮箱	编辑部 wsz@pup.cn　　总编室 zpup@pup.cn
电　　话	邮购部 010-62752015　发行部 010-62750672 编辑部 010-62756467
印 刷 者	三河市北燕印装有限公司
经 销 者	新华书店
	965毫米×1300毫米　16开本　14.5印张　166千字 2006年1月第1版 2015年12月第2版　2024年5月第9次印刷
定　　价	45.00元

未经许可，不得以任何方式复制或抄袭本书之部分或全部内容。
版权所有，侵权必究
举报电话：010-62752024　　电子邮箱：fd@pup.cn
图书如有印装质量问题，请与出版部联系，电话：010-62756370

目录

说　　明/1

一　工具书和工具书的使用/1

二　汉字形体的演变/23

三　汉字的形体构造/55

四　词类和词类活用/76

五　使动用法、意动用法/99

六　词汇的特殊性和复杂性/115

七　虚词的学习与辨析/137

八　句子成分的特殊性/160

九　古文的标点和今译/176

十　诗律与词律/200

说　明

本书原是为中央广播电视大学（现更名为国家开放大学）汉语言文学专业的同学学习和巩固古代汉语知识而编写的教材，现在做了进一步修订。

2014年2月24日，习近平总书记在中共中央政治局就培育、弘扬社会主义核心价值观和中华传统美德举行的第十三次集体学习会上强调："培育和弘扬社会主义核心价值观必须立足中华优秀传统文化。牢固的核心价值观，都有其固有的根本。抛弃传统、丢掉根本，就等于割断了自己的精神命脉。博大精深的中华优秀传统文化是我们在世界文化激荡中站稳脚跟的根基。"中华优秀传统文化的主要载体是文言文，如果连文言文都读不懂，谈何中华优秀传统文化？因此，时代的发展也要求我们学习古代汉语。

本书虽然叫《古代汉语基础》，但它并不是系统地介绍古代汉语的基础知识，而是从培养"阅读古文能力"的角度选择介绍初学者必需的基础知识。这里所说的"阅读古文能力"不是指利用头脑储备的知识来阅读古文的能力，而是指利用工具书来阅读古文的能力，它主要表现在分析和解决阅读障碍的能力上。

由于历史的原因,今人在阅读古文时会遇到各种障碍,如果我们对这些障碍进行具体分析,就会发现它们的特点有所不同。例如:

1. 有子曰:"其为人也孝悌,而好犯上者,鲜矣;不好犯上,而好作乱者,未之有也。君子务本,本立而道生。孝悌也者,其为人之本与?"

2. 孔子谓季氏:"八佾舞于庭,是可忍也,孰不可忍也?"

3. 哀公问曰:"何为则民服?"孔子对曰:"举直错诸枉,则民服;举枉错诸直,则民不服。"

4. 子谓公冶长:"可妻也。虽在缧绁之中,非其罪也。"以其子妻之。

5. 子曰:"巧言、令色、足恭,左丘明耻之,丘亦耻之;匿怨而友其人,左丘明耻之,丘亦耻之。"

上列古文均出于《论语》,该书在古代是童子的读物,但今人要读懂却并不容易。笼统地说,主要阅读障碍无非是词汇、语法问题,具体分析,这词汇、语法方面阅读障碍的特点并不一样。

一、词汇方面的问题主要有三种情况:

1. 不了解但用工具书很容易解决的词。如第一段的"有子"、第二段的"季氏""八佾"是专用名词,"是"是代词,第四段的"缧绁"意义不复杂,一查工具书就可以知道它们的意义。

2. 工具书中义项比较多,需要运用有关知识辨析选择的词。如第一段的"鲜"、第三段的"错""诸"、第四段的"子"。

3. 看似不难,但很容易误解的词。如第二段的"是""忍"。

二、语法方面的问题主要有两种情况:

古今词汇意义相同,但句子的意义难以理解。这里又有两种情况:

1. 词序比较特殊,如第一段的"未之有"属于宾语前置。

2. 用法比较特殊,如第四段的"妻"、第五段的"耻""友"属于词类活用。

这五段短文当然不可能完全反映出阅读古文的全部障碍,但从上述分析中我们可以看到阅读古文首先要解决的重点问题:词汇方面重点是培养辨析、选择词义的能力;语法方面要培养分析理解古代汉语语法现象的能力,如词类活用、宾语前置、名词状语等等。本书介绍的主要是读懂古文必需的古代汉语语法方面的基础知识,在介绍知识的同时,也介绍了运用这些知识的方法。希望通过学习这些知识,能使学生在较短的时间内具备一定的利用工具书阅读古文的能力,以适应中文本科阶段古代汉语的学习。如果能够掌握这些知识,并运用这些知识分析和解决阅读古文时遇到的障碍,从而准确地理解古文,那么就基本达到了补修的目的。

使用本书要注意的问题是:一要注重理解。由于以往古代汉语考试都是闭卷,所以在学习中"背"占用了很大的精力,由于本科阶段学习的古代汉语一般是开卷考试,所以学习本书时主要精力要放在理解上。二是要多做练习。只有通过练习,才能将所学知识转化为分析问题、解决问题的能力。如果只是阅读,那么就不能达到学习的目的。

本书修订,除补充了一些例句,将词类活用分为两节外,还增加了"汉字形体演变"和"诗律与词律"两节。

本书初稿完成后,承蒙李杰群、陈白夜老师审阅,在此表示衷心的感谢!

此次修订虽然尽量考虑初学者的需要,但仍不能尽如人意。使用中如发现不当之处,诚望批评指正。

吴鸿清

2005年3月初稿于北京双榆树

2014年3月修订于广州沙河顶

一 工具书和工具书的使用

学习要点：

1. 了解工具书的类型
2. 了解工具书的使用方法
3. 学会使用《古汉语常用字字典》
4. 认真完成练习

　　人类学会使用工具后，自身能力得到了很大的提高。同样，当我们学会了使用工具书，我们学习的能力也会得到很大的提高。比如在学习遇到疑难问题的时候，我们经常会请教老师，但由于条件所限，并不能随时随地向老师请教。如果学会了使用工具书，就等于找到了一位时间空间限制较少、随时可以请教的老师。

　　有人以为，初学的人要经常使用工具书，而学有所成的时候，就不必再使用工具书了，其实不然。工具书是人们在整理、研究大量图书资料的基础上，按照一定的分类体系编成的。它们不仅保存了大量文献资料，也反映了一定时期人们对事物的认识以及某学科的研究成果和水平，对学习新知识、研究新问题都有很大的帮助。因此，不论初学还是学有所成的人，工具书都是不可或缺的。

而会不会使用工具书,也常常是衡量一个人学习能力强弱、水平高低的重要标准之一。

要学会使用工具书,第一是了解工具书的类别和用途。了解了各类工具书的用途,我们就可以知道遇到什么问题应该通过什么工具书去解决。第二是了解工具书的使用方法。下面我们分别介绍这方面的知识。

(一)古代汉语工具书的类型

古代汉语工具书一般有以下几种类型:

1. 字典

遇到不认识的字可以通过字典来了解。字典收的都是单字,在单字下面注明这个字的读音、意义等。字典分不同的种类:形、音、义兼释的如《说文解字》(东汉许慎撰,宋代加注反切)、《康熙字典》(清张玉书等编)、《汉语大字典》(徐中舒主编,四川辞书出版社、湖北辞书出版社[2010年出第二版,增收五千多字])等;侧重介绍字义的如《经籍籑诂》(清阮元主编,中华书局、上海古籍出版社均有影印本)、《古汉语常用字字典》(北京大学中文系编,中华书局)、《王力古汉语字典》(王力等编,中华书局)等;专门介绍字形的如《甲骨文编》(中国科学院考古研究所编,中华书局)、《金文编》(容庚编,张振林、马国权摹补,中华书局)、《汉语古文字字形表》(徐中舒主编,中华书局)、《古文字类编》(高明编,中华书局)、《汉隶字源》(宋娄机编)、《楷书溯源》(清杨守敬编)等;介绍语音的如《切韵》(隋陆法言等撰)、《广韵》(宋陈彭年等编)、《汉字古音手册》(郭锡良著,商务印书馆)、《上古音手册》(唐作藩著,中华书局)、《古今字音对照手册》(丁声树编,中华书局)等。我们在读书时遇到有关文字的问题,不论字义、字音还是字形,基本上都可以通过上述字典得到解决。比如想了解某个字的意义古人是怎么解释的,就可以查阅《经籍篹诂》。这部书集录了唐以前各类书籍(包括字书、韵书)中的传注训解,所收的材料之多,是一般工具书不能比拟的。如果阅读古代诗歌遇到一些音韵问题,东汉以前的作品(如《诗经》《楚辞》等)就可以查阅《上古音手册》——这部书是专供人们从今音查对上古音(上古音指以《诗经》音为代表的周秦两汉时期的汉语语音系统)的,唐宋时期的作品,就可以查阅《古今字音对照手册》——这部书是专供人们从今音查对中古音(中古音指以《切韵》音为代表的南北朝到唐宋时期的汉语语音系统)的。

2. 词典

词典也有几种。综合解释词语典型意义的如《辞源》(商务印书馆修订本)、《辞海语词分册》(上海辞书出版社)等;专门解释双音词的如《辞通》(朱起凤著)、《联绵字典》(符定一编)等;专门解释虚词的如《经传释词》(清王引之撰)、《词诠》(杨树达著,上海古籍出版社)、《古书虚字集释》(裴学海著)、《文言虚字》(吕叔湘著)、《文言虚词》(杨伯峻著,中华书局)、《古代汉语虚词词典》(社科院语言所编,商务印书馆)等;专门解释方言俗语的如《方言》(汉扬雄撰)、《恒言录》(清钱大昕撰)等;此外还有专科词典如《诗词曲语词汇释》(张相著)、《元曲释词》(顾学颉、王学奇著,中国社会科学出版社)、《小说词语汇释》(陆澹安著,上海锦绣文章出版社)、《敦煌变文字义通释》(蒋礼鸿著,上海古籍出版社)等;专书词典如《论语词典》(杨伯峻著,中华书局)、《诗经词典》

(向熹著,四川人民出版社)等;这些词典可以帮助我们解决绝大部分词语训释方面的问题。

3. 类书

类书是把搜集到的文献资料按照问题分门别类地加以编排,以便查检。历史上许多类书都是皇帝诏令编的,如《艺文类聚》(唐欧阳询等奉敕编纂)、《初学记》(唐徐坚等奉敕编纂)、《太平御览》(宋李昉等奉敕编纂)、《册府元龟》(宋王钦若等奉敕编纂)、《永乐大典》(明解缙等奉敕编纂)、《古今图书集成》(清陈梦雷等奉敕编纂)等。类书的编纂确实为利用文献资料提供了方便。《初学记》就是专为唐玄宗的公子们作诗文时查检事类而编的。《太平御览》原名《太平初编》("太平兴国"是宋太宗赵匡义的年号),因为赵匡义把它作为每天的必读书,所以改名为《太平御览》。《册府元龟》书名本身就有鉴戒的意思。"册府"指帝王藏书之所,"元龟"即大龟,古代用来占卜,引申有借鉴的意思。它所记载的都是历代君臣的事迹,由此可以看出这部书的编纂目的。由于类书保存了大量的文献资料,所以我们今天可以利用它来查寻有关材料及其线索,如成语典故、诗文的出处等等。

4. 目录、索引

图书目录是用来检索图书的工具书。人们常用"书山""书海"来描述书籍之多,在"山"之前如何觅路而上,在"海"之中如何寻道而航,主要是凭借目录书。因此历代流传下来的目录书不论种类还是数量都非常多。从某个时代到某个地区,从某个学科到某个专题,从版本考订到书评题跋以及公、私家藏书、指导初学或研究的目录等,都有著录。影响较大的如《四库全书总目提要》

(清纪昀等编)、《书目答问》(清张之洞等编)等,对学习与研究都有帮助。

索引是检索书刊文献资料的工具书。我们使用字典、词典等工具书都离不开索引。学习古代汉语要用的是资料索引。这方面主要有专书索引(又称"通检""引得"等),如《春秋经传引得》《水经注引得》(均哈佛燕京学社引得编纂处编)、《尚书通检》(顾颉刚编)、《苏东坡全集索引》([日]佐伯富编)等;综合索引如《十三经索引》(叶绍钧编)、《十通索引》等;专题索引如《二十五史人名索引》(二十五史刊行委员会编)、《廿四史传目引得》(梁启雄编)等。遇到需要查证的字、词、句,就通过有关索引去找。凭借索引,我们可以很快查检到所需要的材料。

5. 其他专用工具书

如《中国人名大辞典》(臧励龢等编)、《中国地名大辞典》(刘钧仁编)、《中国史历日和中西历日对照表》(方诗铭等)、《史讳举例》(陈垣撰)、《历代职官表》(清黄本骥编)等。这些工具书或讲人名,或讲地名,或讲官名,或讲年代等等。在读古书时会经常遇到这类问题,因此对它们也应有所了解。

当然,从学习古代语言文字的角度来说,最常用的主要是字典、词典,对字典、词典应该有更多的了解

最后还要提到的是介绍工具书的书。了解一部工具书,固然可以找来翻阅一番。但历代和现代编纂的工具书很多,如果都通过一一翻检去了解的话,得需要若干年,如果不是专门研究工具书,那就没有必要这样做,一般学习可以利用有关书籍来了解各种工具书,这样可以迅速找到可供使用的工具书。目前这样的书也出版了一些。如《文史工具书手册》(朱天俊、陈宏天著,中国青年

出版社)、《文史哲工具书简介》(南京大学图书馆、中文系、历史系编写组编,天津人民出版社)、《中文工具书使用方法》(武汉大学图书馆编写组编,商务印书馆)、《中国工具书大辞典》(徐祖友编,福建人民出版社)、《中国工具书大辞典续编》(徐祖友、沈益编,福建人民出版社)等。《文史工具书手册》《文史哲工具书简介》收集的材料比较丰富,《中文工具书使用方法》则侧重介绍具体使用的方法,互相补充,对我们学会利用工具书学习和研究有很大的帮助。

(二)古代汉语常用工具书简介

一部工具书,一般有以下几方面内容:①编辑者;②前言(或者序、说明等);③凡例(或者例言等);④正文;⑤附录;⑥版本。使用某部工具书,就要对该书的情况有所了解。从前言、凡例和附录中可以较具体地了解书的价值、用途及用法,获得使用工具书之前的必要知识。根据学习的需要,这里简单地介绍几部学习古汉语的常用工具书。

1.《古汉语常用字字典》

北京大学中文系编写。这本字典的用途在第一版编写说明中说得很清楚:"不掌握古汉语常用字,阅读古书就会遇到很大困难。为此,我们编了这本《古汉语常用字字典》,供中等以上文化程度的读者使用。"可见这是一本供初学者使用的字典。全书的特点是简明、实用、易懂。字典正文共收单字3700多个,双音词2000多个,按汉语拼音字母拼列。所收单字不仅都是古汉语常用字,而且也考虑到定义的常见性,以及古今汉语的联系性。古今意义相同而且现代汉语中常见的字不收,在诗词曲中有特定意义的一般也不收。字条下所选的例句注重选用一般人熟悉的名句,对例句中的难字作了注解,并对难句作了串解。例如:

步:bù ㄅㄨ ①行走。《战国策·赵策四》:"乃自强~。"(于是自己勉强散步。)脚步,步伐。张衡《东京赋》:"驾不乱~"。(马的脚步不乱。驾:指驾车的马。)今有双音词"步伐"。②举足两次为一步。《荀子·劝学》:"不积跬(跬 kuǐ 傀)~,无以至千里。"(没有一步一步的积累,就不能达到千里远。)跬:相当于现在的一步。至:达到。又长度单位。历代不一,如周代以八尺为步,秦代以六尺为步。《史记·秦始皇本纪》:"舆(yú 于)六尺,六尺为~。"(舆:车。)③水边停船的地方(后起意义)。柳宗元《永州铁炉步志》:"江之浒(音虎),凡舟可縻(mí 迷)而上下者曰~。"(浒:水边。縻:拴。上下:指上下船。)这个意义后来写作"埠"。

这本字典还有一个非常突出的特点,就是有同义词、近义词的辨析和提醒读者留心词义历史发展的"注意"。例如:

恨:【辨】憾、恨、怨。"憾"和"恨"是同义词,都表示遗憾。先秦一般用"憾",汉以后多用"恨"。"怨"和"恨"不是同义词。在古书中"怨"只表示仇视、怀恨,"恨"不表示仇视、怀恨。只有"怨恨"二字连用时才有仇恨的意思。

再:【注意】在古代汉语中,"再"不是"再一次"的意义。如"三年再会"是说"三年之内会面两次",不是"三年之内再会"。

余(餘):【注意】在古代"餘"和"余"是两个字,上述义项都不写作"余"。现"餘"简化为"余"。

"辨析"和"注意"的内容是十分丰富的。因此这部书不仅可以作为一般工具书析疑解难,而且可以供初学者阅读。如能认真阅读这部书,对了解掌握古汉语常用词和迅速提高阅读古书的能力,一定会有很大帮助。

字典最后还有附录([一]中国历代纪元表;[二]古代汉语语法简介;[三]怎样学习古代汉语)。字典有部首检字表和音序检字表,查检方便。

2.《说文解字》

《说文解字》是我国第一部字典,东汉许慎(字叔重)撰。"文"指独体的文字,如日、月、水、火、山、石、田、土、马、牛、羊等;"字"指合体的文字,如"景",由"日"和"京"组成;期,由"其"和"月"组成;江,由"水"和"工"组成;煌,由"火"和"皇"组成;崇,由"山"和"宗"组成;硬,由"石"和"更"组成,等等。独体字不能分解,只能说明;合体字可以分解说明。"说文解字"合起来就是说解文字的意思。

许慎是东汉著名的经学家,他针对当时一些解经者或因不识古文字,而不承认世上发现的用古文字写的经典的价值,或牵强附会地说解文字乃至经文等情况,锐意作一番正本清源的工作。许慎对当时乱解文字的情况提出了严厉的批评:"诡更正文,乡(向)壁虚造不可知之书,变乱常行,以耀于世。诸生竞逐说字,解经谊,称秦之隶书为仓颉时书,云:'父子相传,何得改易!'乃猥曰:'马头人为长,人持十为斗,虫者屈中也。'廷尉说律,至以字断法:'苛人受钱,苛之字止句也。'若此者甚众,皆不合孔氏古文,谬于《史籀》。俗儒鄙夫,玩其所习,蔽所希闻。不见通学,未尝睹字例之条。怪旧埶(艺)而善野言,以其所知为秘妙,究洞圣人之微恉。

又见《仓颉篇》中'幼子承诏',因曰:'古帝之所作也,其辞有神仙之术焉。'其迷误不谕,岂不悖哉!"许慎特别强调了文字的社会价值:"文字者,经艺之本,王政之始,前人所以垂后,后人所以识古。故曰本立而道生,知天下之至啧而不可乱也。今叙篆文,合以古籀,博采通人,至于大小。信而有证,稽撰其说,将以理群类,解谬误,晓学者,达神恉。"(《说文解字·叙》)许慎研究文字和著述的态度十分严谨。他从公元100年(和帝永元十二年)开始写作《说文解字》,经过20多年的努力,于公元121年(安帝建光元年)写定。全书正文14卷,叙文1卷。收字9353个,另有重文(即古代异体字)1163个。由于唐朝李阳冰的删改,《说文解字》的原本今天已经看不到了。现在通行的是北宋徐铉等校订的版本。校订本把原15卷又分上下,新补了19个字,新附了202个字,并且根据孙愐的《唐韵》加注了反切。

《说文解字》首创了部首字。许慎按照汉字的造字原则解析文字,建立了540个部首字。从许慎的本意看,这540部都是表示文字意义范畴的形旁,这540部是统摄9353个字的纲领,是解释文字形义的钥匙。许慎把众多的汉字分归于540部之下,"分别部居,不相杂厕。万物咸睹,靡不兼载"(《说文解字·叙》),创立了汉字部首分类编排体制。

《说文解字》第一次明确阐述了"六书"的涵义,建立了"六书"的理论,奠定了文字学的理论基础。

《说文解字》主要从形、义两方面说解文字。一般是首列篆文,次释字义,再分析字形结构,有时也指出读音。例如:

卜卜,灼剥龟也,象灸龟之形,一曰象龟兆之从(纵)横也。凡卜之属皆从卜。博木切。ト,古文卜。

占 占,视兆问也。从卜,从口。职廉切。

《说文解字》解释的是字的本义。字的本义是引申义的起点或中心点。掌握字的本义,对学习古汉语词汇十分重要。因此,我们可以利用《说文解字》来了解字形结构和字的本义。当然,由于时代的限制,《说文解字》在解释字义或分析字形结构上存在一些错误,这在使用中是需要注意的。如卷三下爪部:"羉爲(为),母猴也。其爲禽好爪。爪,母猴象也。下腹爲母猴形。"甲骨文"爲"写作 ,是手牵大象的形象,意思是作为的为。再如"王",《说文解字》解释是:"天下所归往也。董仲舒曰:'古之造文者,三画而连其中谓之王。三者,天、地、人也,而参通之者王也。'孔子曰:'一贯三为王。'凡王之属皆从王。"甲骨文写作 ,是个大斧的形象,象征王权,所以有君王的意思。小篆写作 ,许慎就解释错了。今天我们有幸看到小篆以前的古文字和近百年古文字研究的成果,在使用《说文解字》的时候,要多参考这些材料。

《说文解字》写于东汉时期,语言简括,加上有些体例、术语我们不大熟悉,书前也没有清楚的说明,因此今天读原文也有不小的困难。在使用的时候可以结合后人的有关著作来看。如清代段玉裁的《说文解字注》等,是很好的参考书。

这里还需要说明的是反切。反切是古代用两个汉字给另外一个汉字标注读音的一种传统方法,称为"反切注音",亦称"反语""反音",简称"反"。用来标注读音的两个字中,前者称为反切上字,后者称为反切下字。切音时,上字取声母,下字取韵母跟声调,拼读之后即是被切字的读音。例如:妃,芳非反(《经典释文·毛诗音义上》)。取"芳"的声母"f","非"的韵母和声调"ēi",二者拼合起来,就是"妃"的读音"fēi"。由于语音的变化,很多字用今天的读音已经不能准确拼读出来了,一般情况下可以查检其他工具书获得该字的读音。

3.《辞源》(修订本)

《辞源》原本是百科性的词典,收词目将近10万条,古籍中常见的词语、典故以及现代社会科学、自然科学等各类知识性的条目都有收录,与后来陆费逵等编的《辞海》大同小异,只是古汉语方面的条目比《辞海》多,百科性的条目比《辞海》少。1949年后,"读者迫切需要一部思想性、科学性统一的,内容充实的古汉语词典,用来解决阅读古籍时关于语词典故和有关古代文物典章制度等的知识性疑难问题。为此,一九五八年开始修订工作,根据《辞海》《现代汉语词典》分工的原则,将《辞源》修订为阅读古籍用的工具书和古典文史研究工作的参考书"(《〈辞源〉修订本出版说明》)。修订本《辞源》单字虽然与旧版《辞源》基本相同,但所收词条增删很大——旧《辞源》收的现代社会科学、自然科学等方面的词语全部删去,并删去少数不成词或过于冷僻的词目,增补不少常见词目,所以修订本《辞源》所收词目仍达10万以上。

修订本《辞源》在体例方面也作了一定的改进,较为完备。"单字下注汉语拼音和注音字母,并加注《广韵》的反切,标出声纽(按:即声母)。《广韵》不收的字,采用《集韵》或其他韵书、字书的反切。释义力求简明确切,并注意语词的来源和语词在使用过程中的发展演变。对书证文字都作了复核,并标明作者、篇目和卷次。为了给专业研究工作提供参考资料,在有关词目之末略举参考书目。"(《〈辞源〉修订本出版说明》)全书单字按部首排列,有部首检字表和四角号码字表,检索很方便。在阅读古书中遇到的一般问题,如字义、词义、字音在中古时代的韵部以及反切等,使用

《辞源》基本上都能够解决。书后附有历代建元表,从汉武帝开始,列历代帝王的年号及公元干支纪年,以供查检。

4.《古汉语虚词》

《古汉语虚词》(杨伯峻著)全书收单音节虚词169个,附在单音节虚词下的还有300多个复音虚词。

与一般虚词工具书相比,这本书有两个突出的特点:

首先,与一般工具书仅罗列词义、用法,或只介绍常见的词义用法不同,这本书对所收的虚词都作了较为全面、细致的讲解。虚词的用法,不仅限于常见的,比较难解的或者容易误会的,也顺便讲解。一个虚词有几种意义和用法,尽可能明确地说明。

第二,这本书对虚词的讲解不仅限于意义和用法,对有些较复杂的、容易混淆的虚词的区别,还结合具体语言环境,从语法地位、语义结合关系上作了说明,对提高初学者分析比较能力有一定的帮助。例如:

悉

"悉"字意义为"完全""尽"。一般作副词,若省去动词,便是以副词兼作动词,无妨称它为动词。

(一)"悉"作副词,也有作"悉皆"的。

项羽悉引兵渡河,遂破章邯。(《史记·张耳列传》)——项羽全部率领军队渡过黄河,于是攻破章邯军。(以下例略)

(二)"悉"下省略动词。

吴王悉精兵以伐越,败之夫椒。(《史记·吴世家》)——吴王全部出动精锐部队来攻伐越国,在夫椒打败了它。(以下例略)

"悉精兵"的意义同于"悉起兵"(《史记·张仪列传》)、"悉引兵"。

又如"相"字作副词,有时表互相,有时只指一方,初学者往往感到难辨。这本书的"相"字条下对这两种情况作了细致说明,并指出了单指一方时的具体的语言环境条件:

(一)"相"作副词,"互相"之义,熟语"相识""相同""相等""相辅相成",都是这个意思。也可用"相与""交相""更相"二字组合的词。……(例略)

(二)"相"字下若是外动词,又没有宾语,"相"字便兼起代词作用,可以代本人,也可以代双方,也可以代第二方,随上下文意自可明白,不致误解。(例略)

书中所引例句多出自名篇,全部例句都译成现代汉语,便于初学。词条按汉语拼音音序排列,并有拼音和笔画检字索引,检索也较方便。

5.《词诠》

《词诠》(杨树达著)是一本专讲虚词各种用法(包括作为动词的用法)的书。全书收虚词469个,古书中常见的虚词基本都收录了。这本书的重要特点是对每个虚词说解比较详细,先注音,后讲词类,再讲意义及用法,最后举例。虚词的用法既有通常用法,也有较为特殊的用法,所举例证极多,比较实用。阅读时遇到的虚词问题通过此书一般都可以解决。如果能用杨伯峻先生分析虚词的方法来阅读、使用此书,对提高阅读古书的能力会有较大的帮助。

这本书由于写作年代较早(1928年出版,近年多次重印),使用的语法术语比较陈旧,加上说明语使用文言,初学者使用有一定的困难。

全书词目按注音字母排列,有注音字母和部首目录以及汉语拼音索引,检索也较方便。

(三)工具书的使用

1. 了解工具书的质量

使用工具书,首先要注意工具书的质量。如何看工具书的质量,一个简单的办法是看编辑者、出版者和版本。编辑者是该学科的专家,出版社的历史长,出的书质量好,工具书的质量就有保证。近20年来出版的各种工具书非常多,质量低劣的也不少。使用质量不好的工具书,贻害无穷。现在的盗版书也很多,要特别注意选择正版图书。

2. 阅读"使用说明书",了解该工具书的使用要领

工具书的使用方法首先是个技术性的问题。要掌握工具书的使用技术,在使用之前要认真阅读工具书的"使用说明"。每部工具书前面的"凡例""编例""前言""说明"等等,就是该书的"使用说明"。它们介绍的主要是该书收、释词语的原则、检索的方法、各种符号的意思等。仔细阅读,逐字理解,并通过对照正文,就能掌握使用该工具书的具体要领。例如字典、词典,通常是每一条目由单字、词条、注音、释义和书证五个部分组成并按这种顺序编辑的,要查某一词的词义,应先查词头的单字,在单字之下找到词条,然后看注音、释义、例证等。

3. 掌握工具书的检索方法

使用工具书,还要掌握工具书的检索方法。古汉语工具书的检索方法一般有笔画、部首、四角号码、音序和类别等几种。

(1) 笔画检字法

笔画检字是按笔画多少的顺序排列条目,笔画少的在前,笔画多的在后(复音词则取首字的笔画)。《十三经索引》《诗词曲语词汇释》《古文字类编》等都是用笔画检字法。有些古代的字典(《说文解字》等)今天重印时后边也附录了笔画检字索引。检索的时候,只要根据字的笔画多少,在同一画数的一组字中去找,就可以找到某个字或某个词在正编中的位置了。

使用笔画检字方法的时候,要注意工具书使用的字体是繁体字还是简体字。用繁体字,就要按照繁体字的笔画去查。由于笔顺、书体等原因,有的字笔画算法不一致。在自己所算画数的一组字中查不到时,可以增一笔或减一笔去查。如"臣"字。一般容易算成七画,但在《十三经索引》和《说文解字》笔画检字七画中都查不到,在六画中却查到了,原因是"臣"字的"匚"与我们书写习惯不同。有时一个字有几种写法,可能要查几次才能找到。如"为"字,繁体写作"為",又可作"爲","為"九画,"爲"十二画,九画中查不到,在十二画中就查到了。如果不知道字的写法,可以先查《新华字典》。繁体字、异体字等字形,在《新华字典》简体字后边的括号中都可以找到。

(2) 部首检字法

部首检字是把汉字形体偏旁相同的字归于一处(部),部首和每部之中的字仍按笔画多少的顺序排列。关于部首数目,传统的工具书为214部(新《辞源》沿用),《汉语大字典》《汉语大词典》

皆为200部,新《辞海》为250部,《新华字典》和《现代汉语词典》为201部(旧版为189部,现为国家语委最新调整)。查检的时候先确定该字属于哪一部,然后再根据笔画多少检索部首的位置。查到部首的位置之后,再根据字的笔画多少(一般不再算部首的笔画)在该部中寻找。如在《辞海》中查"詞"字,部首是"言",七画;"司"是五画,先在部首七画组中找到"言"部在2872页(不同印次,页码往往有变化),然后翻到该页,在五画的一组字中很快可以找到"詞"字。

使用笔画检字法,在众多的汉字中检索,仍感到困难。部首检字法比起笔画法较有条理些,检索的速度也快些。《康熙字典》《中华大字典》《辞源》《辞海》等都采用部首检字法。由于汉字形体的变化,部首与字的归部也有变化。《说文解字》依据篆体确定了540个部首字,而《康熙字典》《辞源》等则采用明代梅膺祚根据楷书形体改进过的214个部首字。"舅""甥"在《说文解字》中属"男"部,而在《辞源》中分别属"臼""生"二部。有的字如"炅",属"日"部还是属"火"部一下子也难以确定,在这种情况下,只好在查检中看了。如在"日"部查不到,再翻"火"部就能查到。采用部首检字法排列的字(词)典,一般都有难字表。有些部首不明确的字,可以通过难检字表检索。如"失""凸""凹"等,通过难检字表就可以查到。

(3)音序检字法

音序检字法是按照汉字读音检字的方法。最早的音序检字法是按照韵母次序排列条目。如《佩文韵府》《经籍籑诂》《辞通》等,后来也有按照四声或者注音字母排列的。汉语拼音方案确定之后,就都按照汉语拼音字母的顺序排列了,如《古汉语常用字字典》《古汉语虚词》等。按照汉语拼音字母顺序排列的比较容易检索,而按照韵母排列的就难一些,原因是我们对某个字属于哪个韵部不太熟悉。因此,有些工具书新版又附录了其他检字法。为了使用这些工具书,我们也要学会按照韵部检索。要了解某个字属于哪个韵部,可以查《辞源》修订本。如要查"云""交""俏"三个字,先从《辞源》上看到"云"是文韵,"交"属肴韵,"俏"是笑韵,然后再在文、肴、笑部中查"云""交""俏"的条目。按照古四声排列的也是如此,先在《辞海》中查到所属声部,再到该声部中去查。

(4)四角号码检字法

四角号码检字法由王云五发明,他于1925年5月著《号码检字法》并由商务印书馆出版。1964年,汉字查字法整理工作组将其列为四种汉字检字法草案之一。四角号码检字法把每个字分成四个角,每个角确定一个号码,再把汉字按照四个号码组成的四位数序进行排列。针对相同号码过多的问题,每个字四个号码之外,又另取一个附号,增加了检字的容易度,是一种非常优秀的汉字检字法。四角号码检字把汉字笔形分为十种,各以号码代表,见下表:

代號	名稱	筆形
0	頭	亠
1	橫	一 ノ
2	垂	丨 丿
3	點	丶 ㇏
4	叉	十 乂
5	插	扌
6	方	口
7	角	㇕ ㇄
8	八	八 ソ ㇉ 人
9	小	小 ㇇ 忄

一 工具书和工具书的使用

四角号码检字取角检索的方法是:每字按左上角、右上角、左下角、右下角的次序取四个角的号码。如查"出"字:先取左上角2,其次取右上角2,再取左下角7,最后取右下角7,很快就可以查到字或词在字典中的页码。不论笔画还是部首检字,都有一些复杂的情况难以处理,而四角号码检字就便利多了。从掌握方法上看,似乎笔画检字和部首检字法易于掌握,但从应用上看,四角号码检字法从准确和速度上都优于笔画或部首检字,而且确定四角号码的规则也不难掌握。许多工具书都有四角号码检字表,如商务印书馆的《康熙字典》、修订本的《辞源》《辞海》《十三经索引》等。所以,我们应该熟练掌握四角号码检字法。熟练使用四角号码检字法的基础是把四角的口诀背下来:横一垂二三点捺,叉四插五方框六,七角八八小是九,点下有横变零头。然后按照取角的次序取号就行了。

(5)类别检字法

类别检字是按照字或词语的意义所属类别查检字。古代的不少工具书,尤其是类书,都是按照类别排列的,如《尔雅》《艺文类聚》《骈字类编》等。但是同类别排列,分类情况有所不同。《尔雅》分为19类;《艺文类聚》分作45类,每类又分小目,共730余目。《骈字类编》分了13类1604个细目。按照类别检索,首先要确定字义所属的类别。但有时字的归类较难确定,因此检索起来不太方便,尤其对初学者来说困难更大。

(四)使用工具书需要注意的问题

了解了工具书的用途,掌握了检索方法,我们就可以方便地利用工具书了。但在使用工具书解决疑难问题或寻找资料线索的时候,还会遇到许多问题。解决这些问题,只有在实践中不断提高自己运用工具书的能力。在使用工具书的时候有两个最基本的问题是需要注意的。

第一,要开动脑筋。工具书毕竟是位不会说话的先生,它尽管学识渊博,几乎无所不知,但当你向它请教的时候,它只是和盘托出它所能贡献的东西,由我们自己选择。而且工具书选用的资料往往是有代表性的,所列的义项也是有典型性的,概括力较强。有的问题我们可以在工具书中找到现成的答案,但也有许多时候在工具书中找不到解决问题的现成答案。这里有两种情况:一是工具书所列的某个义项可以解释我们的问题,但例句不同;二是似乎哪个义项也不太适合。这就需要我们参照工具书的材料进行类比、分析。例如:

今使大夏,从羌中,险,羌人恶之;少北,则为匈奴所得;从蜀,宜径,又无寇。(《张骞传》)

如果不理解句中"险""恶""少"的意义,那么去查《古汉语常用字字典》,可以看到这样的解释:

险:①地势不平坦。②险要,险阻。③险恶(按:指政治)。④危险(后起意义)。

恶:①罪恶,不良行为,与"善"相对。②丑。与"美"相对。③(务)。讨厌,不喜欢。④(乌)。疑问代词。

少:①不多。又稍微。《战国策·赵策四》:"太后之色~解"。②削弱,减少。③轻视,看不起。④(哨)。少年,青年。

上述义项下的例证都不是出自《张骞传》这段话,可以说没有现成答案,但稍一类比,很快可以发现,"恶"的义项③"讨厌,不喜欢"用在句中比较合适;"少"的第一个义项中"稍微"的意义用在句中也合适,因此,"恶"在句中是"讨厌"的意思,"少"在句中是"稍微"的意思。但"险"在句中用的是什么意义呢?"危险"似乎较通,而"地势不平坦"就稍嫌别扭。但"危险"是后起意义,引的例证出自宋代王安石的作品,《张骞传》是汉代的作品。由此可见"险"在句中用的是第一个义项,只不过略有不同。它说的不是地势不平坦,而是说道路不好走,与下边的"从蜀,宜径"形成对照。

总之,工具书往往只能为我们解决疑难问题提出些参考意见或线索,真正解决问题,还是要靠自己利用工具书提供的材料,结合具体的语言环境去分析。随着学习水平的提高,我们运用工具书解决实际问题的能力也一定会提高。

第二,对工具书的解释要作具体分析,不可盲目信从。我国工具书编纂的历史悠久,如果从最早的字典《说文解字》和最早的词典《尔雅》算起,至今也有2000多年的历史了。历史上工具书的编纂都是服从于一定的目的,适应统治阶级的需要,也反映着某个社会发展阶段人们的认识。因此,工具书的内容不可避免地打上阶级和时代的烙印。例如《说文解字》解释"三"字说:"天地人之道也。"解释"王"字说:"天下所归往也。"解释"神"字说:"天神引出万物者也。"这些都反映了汉代的意识。虽然它可以使我们对汉代人意识有所了解,但不能搬用到今天的生活中,更不能认为这样解释是正确的。随着社会的发展,人们的认识水平也在提高,使用工具书的时候要注意最新的研究成果。

练习一

一、解释文中黑体字的意义并说明工具书的依据:

1. 范氏之**亡**也,百姓有得钟者,欲负而**走**。(《吕氏春秋·不苟论》)

2. 孔子以其兄之**子**妻之。(《论语·先进》)

3. 大王失职入汉中,秦民无不**恨**者。(《史记·淮阴侯列传》)

4. **淫侈**之俗,日日以长,**是**天下之大**贼**也。(贾谊《论积贮疏》)

5. 吾不忍梦得之**穷**,无辞以白其大人。(韩愈《柳子厚墓志铭》)

6. 旦,俱至孝德所,**谢**不能,请改过,邠州由是无祸。(韩愈《段太尉逸事状》)

7. 巡引六将于前,责以大义斩之。士心**益劝**。(《资治通鉴》)

8. 厉王虐,**国人谤**王。(《国语·周语上·召公谏厉王弭谤》)

9. 是故为川者,**决**之使导。(《国语·周语上·召公谏厉王弭谤》)

10. **宦**三年矣,未知母之存否?(《左传·宣公二年·晋灵公不君》)

二、上下对应写出文中各词的现代汉语意义,并说明所查工具书:

解题示例:

原文:唯　我　知　女,女专　　利　而不厌,　予取

译文:只有我了解你,你垄断　财物而不满足,我取

原文:予求,不女疵　瑕　也。

译文:我要,不你毛病　毛病。

1. 二十二年,晋公子圉闻晋君病,曰:"梁,我母家也,而秦灭之。我兄弟多,即君百岁后,秦必留我,而晋轻,亦更立他子。"子圉乃亡归晋。二十三年,晋惠公卒,子圉立为君。秦怨圉亡去,乃迎晋公子重耳于楚,而妻以故子圉妻。重耳初谢,后乃受。缪公益礼厚遇之。二十四年春,秦使人告晋大臣,欲入重耳。晋许之,于是使人送重耳。二月,重耳立为晋君,是为文公。文公使人杀子

圉。子圉是为怀公。(《史记·秦本纪》)

2. 广廉,得赏赐辄分其麾下,饮食与士共之。终广之身,为二千石四十余年,家无余财,终不言家产事。广为人长,猿臂,【◇集解如淳曰:"臂如猿,通肩。"】其善射亦天性也,虽其子孙他人学者,莫能及广。广讷口少言,与人居则画地为军陈,射阔狭以饮。【◇集解如淳曰:"射戏求疏密,持酒以饮不胜者。"□正义饮音於禁反。】专以射为戏,竟死。【○索隐谓终竟广身至死,以为恒也。】广之将兵,乏绝之处,见水,士卒不尽饮,广不近水,士卒不尽食,广不尝食。宽缓不苛,士以此爱乐为用。(《史记·李将军列传》)

3. 后数日,[唐]太宗夜梦[魏]徵若平生,及旦而奏征薨,时年六十四。太宗亲临恸哭,废朝五日,赠司空、相州都督,谥曰文贞。给羽葆鼓吹、班剑四十人,赐绢布千段、米粟千石,陪葬昭陵。及将祖载,徵妻裴氏曰:"徵平生俭素,今以一品礼葬,羽仪甚盛,非亡者之志。"悉辞不受,竟以布车载柩,无文彩之饰。太宗登苑西楼,望丧而哭,诏百官送出郊外。帝亲制碑文,并为书石。其后追思不已,赐其实封九百户。尝临朝谓侍臣曰:"夫以铜为镜,可以正衣冠;以古为镜,可以知兴替;以人为镜,可以明得失。朕常保此三镜,以防己过。今魏徵殂逝,遂亡一镜矣!徵亡后,朕遣人至宅,就其书函得表一纸,始立表草,字皆难识,唯前有数行,稍可分辩,云:'天下之事,有善有恶,任善人则国安,用恶人则国乱。公卿之内,情有爱憎,憎者唯见其恶,爱者唯见其善。爱憎之间,所宜详慎,若爱而知其恶,憎而知其善,去邪勿疑,任贤勿贰,可以兴矣。'其遗表如此,然在朕思之,恐不免斯事。公卿侍臣,可书之于笏,知而必谏也。"(《旧唐书·魏徵列传》)

二　汉字形体的演变

学习要点：

1. 了解汉字形体演变的概况
2. 认识汉字形体演变的原因
3. 掌握五种字体的主要特点
4. 认真完成练习

　　文字是记录有声语言的书面符号，是人类特有的用来传达信息、交流思想、保存文化的重要工具。在文字产生以前，人们通过口语进行交流。但口语转瞬即逝，在文字产生以前，口语的传播受到了空间和时间的限制——不能传于异地异时。当人们需要把自己的意思传达给异地、异时人们的时候，就需要用语言的视觉形式。结绳、契刻符号、图画虽然也是语言的视觉形式，但仍有很多局限，因此文字就产生了。

　　世界上最古老的文字有三种：5500年前居住在底格里斯河和幼发拉底河流域的苏美尔人创造的楔形文字，5000年前古埃及人创造的圣书字和产生于5000多年前的汉字。苏美尔人楔形文字、古埃及人的圣书字早在2000多年前就不再使用了，只有汉字一直使用至今,现在仍然是世界上使用人口最多、最有活力的文字。即使是早已退出了汉字实用书写舞台的甲骨文、金文、小篆,仍在书法艺术的领域展示着它们的英姿。产生于5000多年前、成熟于3300多年前的汉字一直使用到今天,这本身就是人类文明发展史上的一大奇迹。

曾几何时,汉字被认为是世界上最落后的文字。100多年前,汉字就曾面临岌岌可危的命运,一些人殚精竭虑,想把汉字推上拼音文字的道路,但汉字历经坎坷,仍傲然挺立,坚持走着表意文字的道路。认识汉字形体的演变及其原因,不仅有助于学习古代汉语,更有助于建立汉字和中华文化的自信。

汉字形体演变经历了两个阶段:一是古文字阶段;二是今文字阶段。前后历时2000年以上,先后形成了篆书、隶书、草书、楷书、行书五种字体。

(一)古文字阶段的汉字形体演变

从殷商时期的甲骨文到秦代灭亡,是汉字发展史上的古文字阶段,历时约1500年。古文字阶段的字体主要是篆书,又有大篆、小篆之分。大篆是象形性较强的文字,小篆是图案性较强的文字,所以古文字阶段汉字形体的演变又可以分为两个时期,即大篆时期和小篆时期。

1. 以形表意的大篆

大篆的名称最早见于《汉书·艺文志》:"《史籀》十五篇,周宣王太史籀作大篆。"后世又称为"籀文""籀书",《史籀》十五篇早已失传,在《说文解字》中保留了225个籀文。在甲骨文发现之前,一般把秦国的"石鼓文"作为大篆的代表。甲骨文发现之后,大篆则被用来指代以甲骨文、金文为代表的先秦时代的篆书。

(1)甲骨文

甲骨文是迄今为止发现的时代最早的成系统的汉字。甲骨文是根据文字载体命名的文字。因为文字是刻在龟甲、兽骨上的,所以称为"甲骨文"。甲骨文在河南安阳小屯出土,安阳是商朝后期的都城殷的所在地,称殷墟,所以又称为"殷墟文字"。甲骨文的主要内容是盘庚迁殷至纣王间270年商王朝占卜的记录,所以又称为卜辞文字。

甲骨文的发现极具戏剧性。光绪二十五年(1899),著名金石学家、时任国子监祭酒的王懿荣(1845—1900)在一味叫龙骨的药材上发现了疑似文字的图案,经考证是殷商时期的文字,遂开始了搜集和研究。1900年7月,八国联军攻入北京时,王懿荣投井为国殉难,他所收藏的甲骨,大部分转归好友刘鹗。1903年,刘鹗把收集到的甲骨文拓印,出版了《铁云藏龟》(1903年[清光绪二十九年]抱残守缺斋石印出版),这是首次出版的甲骨文著录书。学者孙诒让根据《铁云藏龟》的资料,写出了第一部考释甲骨文的专著《契文举例》。1913年,罗振玉出版了《殷墟书契》(前编),随后又编印了《殷墟书契菁华》《殷墟书契》(续编),为甲骨文的研究奠定了基础。继罗振玉之后,许多著名的学者,如王国维、郭沫若、董作宾、唐兰、陈梦家、容庚、于省吾、胡厚宣等都进行了卓有成效的考释和研究,形成了一门专门的学问——甲骨学。董作宾(字彦堂)、罗振玉(号雪堂)、王国维(号观堂)和郭沫若(字鼎堂)作为甲骨学研究的一代宗师,并称为"甲骨四堂"。甲骨文的发现是学术史上具有重大意义的事件,它把汉字的历史追溯至3300年前的殷商时代,开创了汉字研究的新局面。

早期的文字产生于图画,形象鲜明,意义一目了然,无需教即可辨认。从形体上看,甲骨文的形体充分表现出早期文字的特征,主要特点是:

①象形性强,许多字堪与抽象画媲美,表现出先民高超的抽象能力。如:

"鹿""鱼""鸟""象""凤""马""犬""豕""日""月""水""火""木""禾""首""目"等字画的是物象的整体;"牛""羊"画的是能代表物象的局部。齿、见、须画的是物象最突出的特点。"步""涉""陟""降""执""逐""艺"等是相关的形象组合在一起表示意义。"步",脚印一前一后,是徒步行走;"涉",水在两脚中间,是徒步过河;"陟",脚趾朝上,从登高;"降",脚趾朝下,是从高处走下来,下降;"执"人被桎梏,逮捕;"逐",脚趾朝着动物,是追赶;"艺",人手拿着苗,是种植。

②体无定型,主要表现在一个字有多种写法。如:

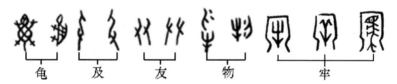

取像有正面的,有侧面的,如龟字;
有的是正写,有的是反写,如及、友;
偏旁位置不同,如物;
由不同偏旁组成,如牢。
此外,在一篇字中,字的形态、大小随线条的多少而变化。
③线条细直,转折多方,搭接而成。

甲《宰丰骨双刀刻辞》

由于甲骨文多数是单刀（即一刀刻一个笔画）刻在龟甲、兽骨上的，所以线条细直瘦劲，转折处多方，搭接而成。甲骨文中也有双刀雕刻而成的，如著名的《宰丰骨刻辞》，表现出较多的毛笔书写的特点。

（2）金文

金文也是根据文字载体命名的文字。因为是铸刻在青铜器上，所以叫金文。所谓青铜，就是铜和锡的合金。在先秦，所有的金属都可以称作金，所以青铜器上的文字称为金文。铭是记的意思，因为这种文字是要人们永久记住的，所以也称铜器铭文。古代以祭祀为吉礼，铜器中的鼎、彝等器皿多用于祭祀，故称之为吉金，其上的文字也就称为"吉金文字"。金文最初发现于钟鼎等器物上，所以又称为"钟鼎文"。

这四幅图上的文字都是商代文字,第二幅是后母戊鼎(旧称司母戊鼎)的铭文,后边的是妇好鼎的铭文。

金文历时较长,上至商代的早期,下至秦灭六国,约1200多年。商代早期的金文字数很少,一般是一二字至五六字,主要是铸器者人名、族名以及先人的称号。商代后期的铭文略长些,最多也不过30多字。商代金文的特点与甲骨文相同,只是这种文字是模铸成的,所以比较庄重正规,笔画粗壮,更具图画性。

至西周时期,随着礼乐制度的发展,青铜器铸造的增多,金文遂蔚为大观。百字以上的很多,西周早期的大盂鼎有291字,小盂鼎有390字,后期的散盘有357字,毛公鼎有497字。现在发现的金文单字4000余个,已认识的近2500个。西周文字与殷商文字一脉相承,西周早期文字与殷商文字没有多大差别,到了西周中期,文字开始向抽象的表意符号化的方向发展。这里谈的主要是西周以来金文形体的特点:

①象形的特点逐渐减弱

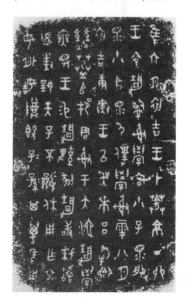

商代金文的字形描摹对象有的比甲骨文还逼真,西周以来,象形性逐渐减弱,脱离象形的符号开始增多。

②形体逐渐规范。

金文虽然仍存在同一个字有多个形体的情况,但字形定型化程度有了提高,一字多形的情况比甲骨文少得多;偏旁开始固定,形体大小渐趋一致。有的写法不同不是随意,而是故意为之:一篇铭文中重复出现的字用不同的写法,以追求变化之美。

③描摹形象的粗壮的笔画绝大多数改成了丰腴婉转的线条。

由于金文多是铸造的,可以在范上精细加工,故能较多地表现出书写的面貌。

齐国金文

晋国金文

(3)文字异形的六国文字

六国文字,也称东土文字,又称古文或战国古文,指战国时代除秦以外的东方齐、楚、燕、韩、赵、魏六国文字,又分晋、楚、齐、燕、四系。它们与秦文字有很大的不同。春秋时期,由于诸侯割据,各国文字出现了地方化的趋势;到了战国时期,文字的变革更加剧烈,汉字形体的统一遭到了极大的破坏。六国文字的主要特点有:第一,文字异形,即对同一个字,各国的写法各不相同。第二,出现了大量的简体字。第三,出现了美术性的文字。北方晋国流行一种笔画头尖腹肥的字体,而楚国等国则流行所谓"鸟书",即以鸟形作为装饰的一种字体。六国文字虽然并未脱离汉字体系,但文字异形给各地的交流造成了很大的困难。

楚国金文

越国金文

侯马盟书

2. 精美分割空间的小篆

小篆是以书写特点命名的字体名称。许慎《说文解字》:"引书也。""引"即"牵",用笔拉着线条走,这就是小篆的书写特点。作为字体名称,小篆专指秦始皇统一中国后用于统一六国文字的规范的字体,又称"秦篆"。许慎《说文解字·叙》说:"其后诸侯力政,不统于王,恶礼乐之害己,而皆去其典籍。分为七国,田畴异亩,车途异轨,律令异法,衣冠异制,言语异声,文字异形。秦始皇帝初兼天下,丞相李斯乃奏同之,罢其不与秦文合者。斯作《仓颉篇》,中车府令赵高作《爰历篇》,太史令胡母敬作《博学篇》,皆取史籀大篆,或颇省改,所谓小篆者也。"李斯的《仓颉篇》、赵高的《爰历篇》、胡母敬的《博学篇》都已失传,现在能看到的主要是秦始皇巡游时的刻石,如《峄山刻石》《泰山刻石》《琅邪台刻石》等。《琅邪台刻石》残损模糊,《泰山刻石》传为李斯所书,仅存 29 字。《峄山刻石》唐时被火烧毁,现在看到的是北宋淳化四年(993)郑文宝根据徐铉本复刻的。虽然线条与《泰山刻石》差异较大,但结构特点一致。综合考察这些刻石,小篆的主要特点是:

①字体规范化。主要表现在字的写法固定,一个字不能有不同的写法;偏旁写法定型,同一位置偏旁的写法一样;偏旁位置固定,一般不能随意调换。②字形图案化:字形呈长方形,高和宽的比例大致为三比二;线条分布匀称——同类线条并排时间距一致,左右对称;疏密对比突出,上密下疏,体态舒展;线条粗细一致,圆转有力,粗如玉箸的,称为"玉箸篆",细如铁线的,称为"铁线篆"。

如果说大篆的形体还有较多象形的特点,在形体上还能看出字的意思,小篆形体上象形的特点则基本上消失了,所以许慎依据小篆解说字形、字义难免出现误解。小篆上承大篆,下启隶书,是由古文字向今文字过渡时期的字体。

泰山刻石　　　　　　峄山碑

据记载，秦代有八种形体。《说文解字·叙》："秦书有八体：一曰大篆，二曰小篆，三曰刻符，四曰虫书，五曰摹印，六曰署书，七曰殳书，八曰隶书。"这"八体"从字体上说是三种：大篆、小篆和隶书。这里说的大篆是什么样子已经无从得见，人们一般把石鼓文作为其代表。

石鼓文

石鼓文唐初在天兴县陈仓(今陕西宝鸡)出土,上面刻的是秦献公十一年作的十首四言诗,因内容记载畋猎之事,又命名为"猎碣刻石",唐诗人韦应物因为石的形状像鼓,改称其"石鼓文"。刻符、摹印、署书、殳书皆因载体而得名:刻符指刻在符节上的字体;摹印是刻在印章上的字体;署书是题在匾额上的文字;殳书是铸在兵器上的文字。虫书是鸟虫书的简称,因线条婉转如鸟、虫(蛇)而得名,用于书幡信,都是小篆的变体。

1973年在西安郊区北沉村出土的杜虎符　　　秦印

　　为什么都是小篆,却有不同的名称呢?主要原因是秦代对文字的书写规范有严格的要求。载体的形状不一,如果严格按照小篆书写就难以美观;为了美观,就要调整字形,这样又不合规范。如果擅自而为,难免性命之忧,因此法令上给予一定的灵活度。这和今天的文字政策是一样的。文字规范是简化字,但在牌匾等场合也允许使用繁体字。我们在秦代虎符和印章上看到的文字形体就与小篆有所不同。

(二)今文字阶段的汉字形体演变

1. 古今文字的分水岭——隶书

隶书又叫八分、佐书、史书。八分的名称始见于魏,对八分的解释众说纷纭,唐宋至今,有从八字的字形、分字的字义以及八分是指字的大小的尺度等方面所作的解释。佐书,亦作左书。许慎《说文解字·叙》记"新莽六书"中提到左书,并注明左书即秦隶书。段玉裁认为:"其法便捷,可以佐助篆所不逮。"也有人认为因为是书佐(负责职掌起草和缮写的低级官吏)所书,所以叫佐书。汉代又把隶书叫做史书。

许慎《说文解字·叙》说隶书产生于秦代。出土文物证明,战国时期就有隶书,是在大篆省改的基础上产生的。1980年四川青川县出土的木牍上已见隶书的雏形:笔画由繁趋简,由曲变直,横画、捺画上已略有波形;不少字形变篆书的长方为正方或扁方。虽然结体尚存篆意,但已初具隶书的规模。由于秦代隶书失传已久,所以长期以来,人们所说的隶书都是汉隶。秦隶发现之后,人们把秦隶称为古隶,把汉隶称为今隶。单独说的时候,一般都指汉隶。

秦隶上承大篆,下启汉隶,在汉字和书法发展史上有重要的地位,虽书者都是无名之辈,但这更证明了推动汉字形体演变与书法艺术发展的主要动力是实用书写,创造隶书的不是某一位圣贤,而是长期从事书写工作的人。

  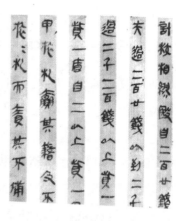

青川木牍　　　　　　　秦代竹简

汉初的典章制度基本上沿用秦制,文字也使用篆书和隶书。但篆书多用于重要的官方文献、符玺、幡信及碑额的装饰。西汉刻石传世较少,其文字多是由篆向隶过渡的书体,日常使用的主要是隶书。

由于毛笔的改良,汉代书法有了长足的进步。在大量出土的帛书、简牍等汉代遗物的书迹中,我们可以看到隶书的演进。至迟在西汉宣帝年间(前73—前49),隶书已完成了从秦隶到汉隶的转变:结体扁方,横向舒展而纵向紧凑,篆笔基本消失了。至东汉,隶书成熟并蔚为大观。熹平四年(175),蔡邕用隶书书写了儒家经典,刻成石经碑立于洛阳太学门外,作为文字规范的标准,这标志着隶书已经完全定型。

从形体上看,隶书主要有以下特点:

小篆的长方形变为扁方,左右开张,横向舒展;同一个偏旁因位置不同分化成不同的写法,如"人、心、手、水、火"等;不同的偏旁因位置相同而变成相同的写法,如"春、奉、奏、秦、泰、塞、寒"等;简省了小篆的部件或笔画,如"屈(省去毛)、雷(省去田)、集(省去隹)";"襄、展、寒"都简省了笔画;"日、弓、交、石"把小篆的连笔分解成数笔,小篆均匀平直的线条变成有起伏的、粗细富于变化的线条。

东汉《熹平石经》

隶书是汉字形体演变发展史上重要的里程碑:它彻底打破了象形对汉字形体的束缚,完成了对古文字的改造,创造了今文字的构字部件,这就是点、横、竖、撇、捺五种基本笔画和偏旁部首,使汉字走上了今文字的道路,在隶书中,还孕育出了楷书、行书、草书,因此人们把隶书视为古今文字的分水岭。

2. 由实用走向艺术的草书

"草书"本指不计较细节的潦草的写法,至迟在东汉,草书成了字体的名称。草书的形成分为章草和今草两个阶段。许慎《说文解字·叙》说:"汉兴有草书。"这里的草书指的是章草。

章草起于西汉,盛于东汉。今天在刻帖上可以看到东汉草书名家史游、汉章帝、杜度、崔瑗、张芝等名家的作品,但恐怕已非原来的面貌,在出土的简牍中见到的草书,则能看到章草本来的面目。其特点主要是构字部件省略较多,以求书写的快捷;字与字之间没有连带,笔画还有隶书的波挑。其后波挑的笔法逐渐消失,在魏晋之际形成了今草。

今草分为小草和大草,小草的特点是字字独立,大草是字字相连,又叫"狂草"。

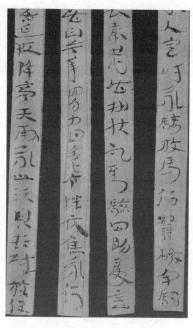

皇象《急就章》　　　　汉简章草

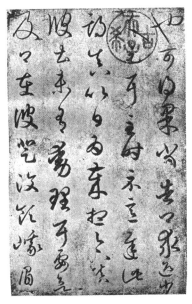
王羲之《游目帖》

怀素《自叙帖》

从形体上看,草书的根本特点是"简"。笔画简,部件简,通用符号多。例如:

从符号特点看,草书已经独立于表意的汉字系统之外,由简省快捷的实用写法,发展成为一套重在抒情的艺术符号,基本脱离了实用的领域。在草书脱离实用领域近2000年的现代社会,于右任曾想把草书拉回来。1932年,在不少人鼓吹拼音文字之际,于右任为解决汉字备受攻击的难认难写,创立标准草书,并在上海成立了标准草书社,研创、推广"标准草书",试图让草书成为日常实用书写的字体。但80多年过去了,标准草书仍然没有进入实用领域。这是因为作为视觉符号的文字,需要的首先不是简捷,而是辨识。区别性标志多少决定了辨识的难易和速度。尤其是以表意为根本特征的汉字,区别性标志至关重要。草书虽然书写快捷,但区别性标志少,不能比现在通行的字体更加"一目了然",所以无论愿望多么美好,无论怎么努力,都是不会成功的。

3. 规范字体之王——楷书

楷书又叫正书、真书、正楷。楷书本是"楷模"的意思。宋代开始把"楷书"作为字体的名称。

楷书孕育于汉末隶书,魏晋南北朝时走向成熟,形体不断完善,到唐代达到了艺术美的顶峰。

钟繇小楷《荐季直表》

魏碑《始平公造像记》

最早的楷书名家是三国魏国的钟繇。钟繇传世的楷书作品《荐季直表》《宣示帖》等，形体较宽，笔画中还有隶意。东晋以后，南北分裂，汉字形体也出现南北不同的面貌。在北朝的碑碣、墓志铭和山崖岩石上使用的绝大多数都是楷书，后世称为"魏碑"，又称"北碑"。爱美之心，人皆有之。楷书在实用书写中形体不断完善，到唐代基本定型，在艺术上达到了顶峰。初唐的虞世南、欧阳询、褚遂良、薛稷，盛唐的颜真卿，晚唐的柳公权，都以独创的书体彪炳史册，他们写的楷书成为不朽的楷模。

圣教序

唐颜真卿《勤礼碑》

柳公权《玄秘塔碑》

在隶书阶段,汉字的基本构字部件——笔画和偏旁已经基本形成,字和偏旁的位置、结构也已基本定型,所以楷书对隶书的改造主要表现在两个方面:一是书写性,二是结构美。

(1) 书写性

①笔法的书写性。和小篆相比,隶书在书写性上有很大的进步,变平直圆转均匀的线条为粗细不拘,有起伏波挑的笔画,这样的变化极大加强了笔画与笔画之间的连贯,因而大大提高了书写速度。但隶书的蚕头燕尾、长撇、长捺,书写中仍需要几个动作才能完成,运笔速度也受到一定的限制。

从艺术美来说,这些动作带来的装饰性的效果是必要的,但从实用的角度来说,则影响书写速度,是多余的,因此,在楷书演进的过程中我们看到了对隶书的改造:早期是简省蚕头燕尾,成为平直的线条。例如:

这种改造虽然提高了书写速度,但破坏了视觉美。因而后期又按照美的感觉进行调整,终于达到完美。例如"长横":

隶书长横写出蚕头燕尾的一个重要目的是取得平衡:斜势向

右上方符合视觉要求和手在运笔时的生理要求,而要取得平衡必须对称地写出右一半,并且最后要向右上方挑出。这种平衡近似于天平的左右均衡,是形的平衡。而楷书省去了右半侧,只一顿就取得了平衡,这种平衡近似于杆秤,是力的平衡。

②笔形上的书写性。

楷书取消了波法;隶书浑圆的撇在楷书中一掠即可,隶书的慢弯钩变成为硬勾,书写速度明显提高了。书写速度的提高,是楷书取代隶书的重要原因之一。

(2)结构美

美有规律,因而美不是随意的;美是超越时空,超越民族、国家的,是永恒的,任何美的事物必须符合美的规律才能永恒。楷书由

笔画组成,笔画的粗细长短以及组合关系,决定了字形是否美。造字之初,人们近取诸身,远取诸物,博采众美,合而为字,古文字之美与艺术大师的创造相比,毫不逊色。

毕加索《牛的变形过程》   **甲骨文鹿**

楷书产生于东汉末年,但为了探索结构之美走过了漫长的路程,经过无数人近600年的努力,在唐代才达到美的顶峰。唐代楷书结构凝聚着世间万物的美的规律。人们常说汉字是方块字,实际上制约楷书结构形态的是圆,因为世界上最美的图形就是圆形。达·芬奇认为他1490年的绘画手稿《维特鲁威人》把完美的人体造型包含在一个圆形和正方形中是最成功的设想。唐代书法家们没有这样说,但他们做到了,他们用汉字创造的"比例图"和达·芬奇"最成功的设想"相比,毫不逊色,并且时间上比达·芬奇的

达·芬奇《维特鲁威人》

作品要早近800年！人体是具体的形象，而汉字是抽象的笔画，创造的难度更大。其他诸如匀称、比例、主次等每个规律无不在唐代楷书中得到完美的体现。可以说楷书对隶书在形体上的改造就是按照人对世间万物尤其是人自身的审美规则进行的。

4. 快捷易识的行书

行书是介于楷书、草书之间的一种字体，曾经叫"行狎书"。行书又分为两种：草书成分多的叫"行草"；楷书成分多的叫"行楷"。行书的书写速度比楷书快，区别性标志比草书多，既有速度，又容易辨认，因此成为使用最多的手写体。

行书形体的特点主要在书写风格和字的姿态上，为了提高书写速度，笔画之间增加了连写，不影响辨义的构字部件有些省略，在构字部件、表意方式等方面与楷书没有本质上的区别，这里就不多介绍了。

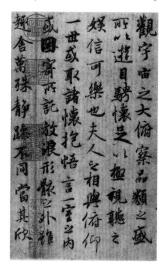

王羲之《兰亭序》

（二）汉字形体演变的原因

任何事物发展变化的原因都有两种，即内因和外因，汉字形体演变的原因也不例外。汉字形体能否适应社会交际即人的实用要求，是汉字形体演变的内因，也就是根本原因；汉字使用条件（包括工具、环境）的变化，则是汉字形体演变的外因。

1. 实用的要求是推动汉字形体演变的根本原因

实用的要求就是实际使用的价值,比如是否适用,是否方便,等等。汉字是"语言的视觉符号",这七个字中包含了对汉字的全部要求。

第一,汉字必须适应汉语的要求。

(1)汉语的最大特点是使用人口众多,具体分析,有两大主要特点:一是存在着大量的同音异义词,尤其在单音节词占多数的古代汉语中,同音异义词处处可见。二是使用地域辽阔,使用人口众多,且方言众多,不仅大的方言区有八个之多,而且同一方言区内语音也不尽相同。如果使用拼音文字,不用说方言区之间,就是同一方言区的人也难以辨认。这决定了汉字必须走表意文字的道路,任何力量也不可能废弃汉字或者使汉字走上拼音化道路。历史上,即使在汉语成为非主态语言、汉字地位低下的时期,也没有废弃汉字。例如南北朝时期鲜卑族或鲜卑化的汉人建立北魏、东魏、北齐、西魏、北周王朝,当时的"国语"就是鲜卑语。元朝统治中国后,八思巴创制的蒙古新字成为元朝的"国字"。清朝时满文也被定为"国书",备受重视。清政府先后设立了各种官学、义学,推广满语、满文。这些举措都没能中断汉字的传承。到了乾隆时期,满文的使用达到鼎盛。乾隆曾规定:不懂满语、满文的满族人,不能当官。宗室章京侍卫,"倘仍不学习,以致射箭平常,不谙清语者,定从重治罪"(乾隆六年三月己巳,《清高宗实录》卷一三八,台湾华文书局)。但满语、满文还是淹没在汉语、汉字的汪洋大海中,官位的诱惑和从重治罪的威吓都没能挽回满族被汉化的命运。

(2)汉字的造字功能完备,完全适应汉语发展的要求

形声相合的造字方法十分便利,需要什么字可以造出什么字,

这使汉字具有永恒的生命力。这个问题将在汉字的结构中介绍，这里就不多说了。

第二，汉字必须适应使用者的要求。

文字是用于书面交际的，使用方式主要是书写和阅读，使用者对汉字的要求也主要体现在书写和阅读上。

(1) 书写要快捷

在谈到隶书、草书、楷书、行书起源的时候，我们总能看到一些说法，比如上面提到的隶书是程邈所造，行书是王次仲所造。实际上，这些文字都不是哪个人创造的，而是使用文字的人共同创造的，程邈、王次仲或是有整理之功，或是当时的名家。这可以从两个方面来说明。

第一，程邈"邈善大篆，初为县之狱吏，得罪始皇，系云阳狱中，覃思十年，损益大小篆方圆笔法，成隶书三千字，始皇称善，释其罪而用为御史"。而程邈入狱前80年，隶书就已经在四川青川出现了。

第二，从甲骨文、金文演变为小篆，历时约1200多年；从小篆演变到古隶用了多少年？几乎是同时发生。在古文字阶段，尤其是殷商时期，文字由少数人使用，书写速度要求不高，所以形体相当稳定，随着使用文字的人越来越多，书写的人越来越多，有了"趣简易"的要求，人人都自觉不自觉地"简易"，就将旧字体改造成了新字体。

(2) 要容易辨识

文字是用来看的，容易辨识是对汉字形体的基本要求。楷书比隶书简易，取而代之；但行书、草书比楷书快，为什么不能取得正体字的地位呢？因为楷书比行书容易辨识。楷书可以一目十行，但行书不行，草书更不行。容易辨识的要求选择了楷书作为正体字,阻止了行书、草书与楷书争夺正体字地位。

(3)要赏心悦目

汉字形体天天入眼,如果丑劣不堪,使人望而生厌,也就失去了存在的意义。1977年我国政府曾颁布了第二次汉字简化方案,不久就废止。重要原因之一,是简化后的字形丑陋到了极点。例如:

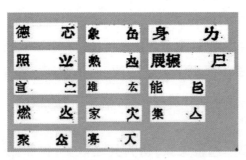

汉字形体就是在书写快捷、辨认容易、美观等因素的综合要求下演变成为精美的楷书,唐代之所以不再有新的字体取代楷书,根本原因是楷书已经完全符合使用者的要求。

2. 载体、工具和制作方法等因素对汉字形体演变的影响

载体、工具和制作方法等因素对汉字形体演变的影响更多地表现在书体上。书体主要指因书写(包括制作)方式不同而形成的字的样式。如褚(遂良)体、颜(真卿)体、柳(公权)体以及印刷上用的宋体、仿宋体,等等,虽然名称不同,但从字体上说,都是楷书体。

(1)载体面积的影响

载体是指汉字写或刻的地方。载体对汉字形体的影响表现在很多方面,这里主要谈载体面积大小、载体形状和载体价格的影响。

面积大小对汉字形体的影响。《汉书·艺文志》:"汉兴,萧何草律,亦著其法,曰:'太史试学童,能讽书九千字以上,乃得为史,又以六体试之,课最者以为尚书御史、史书令史。吏民上书,字或不正,辄举劾。'六体者,古文、奇字、篆书、隶书、缪篆、虫书,皆所以通知古今文字,摹印章,书幡信也。"缪篆是刻印章的专用字体,秦代称为"摹印篆",这种字体不是哪个人独创的,而是工匠在制作印章的过程中逐渐形成的。小篆形体长,线条圆转,疏密分明,要照搬到方寸的印面上,就不美观,只能根据印面调整,最后形成了刻印章的专用字体。

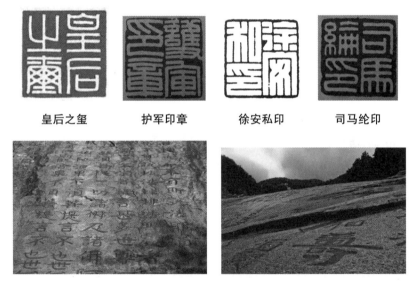

皇后之玺　　　护军印章　　　徐安私印　　　司马纶印

泰山经石峪金风经

和印章的方寸天地相反,《泰山经石峪金刚经》刻于五岳独尊的泰山南麓斗母宫东北一公里处的花岗岩溪床之上。刻石南北长56米,东西宽36米,约计2000多平方米,是汉字刊刻面积最大的作品,字径在五六十厘米之间,线条浑厚丰满,结体端庄宽博,浑穆简静,大有容天下万事的雍容气度。这风貌与面积乃至四周的环境的影响都有关系。

(2) 载体形状的影响

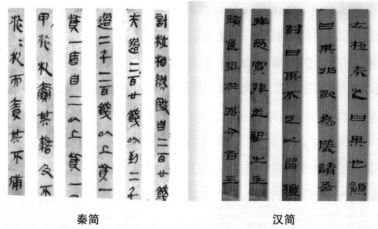

秦简　　　　　　　　　汉简

隶书风格的形成与竹简的形态密切相关。竹简是长条形的，如果字形也是长或方的，形态重复，就不美观，且容易造成视觉疲劳。《睡虎地秦简》上的隶书形体是长或方的，整体感觉就没有汉简舒服，所以汉隶字形逐渐趋扁。竹简上字与字之间有距离，但左右顶边，编在一起就形成了行距小，字距大的布局，形成审美模式，影响到汉碑隶书的章法。

(3) 载体价格的影响

汉字形体的演变与参与书写、制作汉字的人数和一定时间内书写、制作汉字的数量等因素密切相关。在甲骨文、金文时代，汉字是刻在龟甲兽骨上、铸在青铜器上的，参与刻、铸的人数不多，龟甲、兽骨、青铜器的数量有限，空间有限，制作汉字的数量不会太多；随着缯帛、竹简、纸张的发明和使用，参与的人数和书写的汉字越来越多，这些都促进了汉字形体的变化。北魏时期佛教兴盛，社会有阅藏供养佛经的风气，出现了以写经为生的经生，形成了写经专用的书体。多数经生写经是为了谋生，势必要在不影响美观的前提下尽量提高书写速度,这样就使写经体不断变化,到了隋唐,写经体已趋于完美成熟。写经体对唐代书法家的影响从颜真卿《多宝塔碑》中可以看得很清楚,有些字笔法、结构如出一辙。

(4)工具和制作方法的影响

工具和制作方法对汉字形体的影响很大,如前所述,制作方法的不同造成了甲骨文、金文的差异。甲骨文是单刀刻的,线条细,形体更长;金文是铸造出来的,线条粗,形体丰满。

甲骨文

金文

制作方法对文字形体的影响还可以从魏晋南北朝时期北朝汉字形体上看出来。北朝汉字形体方劲雄强,形成了与南朝迥然不同的"北碑"风貌,重要原因之一就是刀刻:棱角分明、斩钉截铁的笔画,当为铁刃大刀阔斧、不加修饰地凿出的。宋代雕版印刷兴起

宋体

以后,为使雕刻方便快捷,圆转的线条变成了方折,形成了印刷体。

毛笔在隶书到楷书的演变过程中作用也很大。上面讲到楷书的"书写性"胜于隶书,隶书长横用蚕头燕尾、左右对称的办法取得平衡,而楷书是用最后的顿笔就取得了平衡,如果没有毛笔,就不会出现这样的改进,也不会出现楷书的形体。

在中国历史上,硬笔出现的时间很早。元代陶宗仪在《辍耕录》中说:"上古无墨,竹挺点漆而书,中古方以石磨汁。"可见硬笔在出现上要早于毛笔,如果有需要,能画出线条的都可以拿来用,这是很自然的事情。毛笔出现之后,硬笔仍在使用,并且是名副其实的硬笔。1991年在敦煌西北汉高望燧遗址发掘出一支汉代竹锥笔,伴随出土的有汉代毛笔一支、墨书觚一枚、铜箭镞二枚,此外还陆续发掘出双瓣合尖竹管笔、苇管笔、红柳笔等,敦煌也出土了不少硬笔书写的书迹,但为什么在正式场合都是用毛笔,硬笔始终未能登大雅之堂?值得深思。

蝌蚪书是用漆书写形成的一种书体。《千字文》中有一句"漆书壁经",这里的"漆"指的是漆树汁,即生漆。漆书最突出的特点是,笔画头粗尾细,像蝌蚪,这是因为漆比较稠腻,书写不流畅,

蝌蚪书

新蘸时漆多,起笔就粗,运笔时漆越来越少,就成了蝌蚪的形状。

汉字形体演变的原因是多方面的,有直接的,也有间接的,但根本的原因是汉字必须要适合社会的需要,因此其演变是不以人的意志为转移的。

练习二

一、名词解释:

1. 殷墟文字
2. 卜辞文字
3. 金文
4. 秦书八体
5. 石鼓文
6. 古隶
7. 今隶
8. 草书
9. 楷书
10. 行书

二、填空:

1. 古文字阶段汉字形体的演变可以分为两个时期,即_____ _____。

2. 刘鹗出版_____,这是甲骨文资料第一次公开出版。

3. 孙诒让写出了甲骨文研究的第一部专著_____。

4. 六国文字的主要特点有_____。

5. 小篆的主要特点是_____。

6. 隶书的笔画变化主要表现在_____。

7. 楷书对隶书的改造主要表现在＿＿＿＿＿＿＿＿＿＿＿＿。

8. 对汉字书写实用性的要求主要有＿＿＿＿＿＿＿＿＿＿＿＿。

三、思考与回答下列问题：

1. 甲骨文的形体的主要特点是什么？

2. 西周以来金文形体的主要特点是什么？

3. 小篆字体规范化主要表现在哪些方面？

4. 小篆形体变化的意义是什么？

5. 隶书形体的主要特点是什么？

6. 为什么说隶书是汉字形体演变发展史上重要的里程碑？

7. 推动汉字形体演变的主要原因有哪些？

8. 为什么说草书已经独立于表意的汉字系统之外，成为一套重在抒情的艺术符号？

9. 为什么楷书之后不再有新的字体出现？

三　汉字的形体构造

学习要点：

1. 掌握六书的涵义
2. 了解六书与汉字结构的关系
3. 掌握析字辨义的作用和方法
4. 认真完成练习

汉字的形体构造是指汉字构成要素形、音、义构成整字的方式。从阅读古文的角度来说，认识汉字的主要任务是了解汉字的形体构造，目的是运用汉字形体构造的知识理解古文中出现的各种文字现象，辨析汉字的意义，从而确切地理解古文。

历史上对汉字形体的分析，早在春秋战国时期就有了萌芽。如《左传·宣公十二年》："夫文，止戈为武。"又《左传·宣公十五年》："故文，反正为乏。"《左传·昭公元年》："于文，皿虫为蛊。"古文献的这些解析，当时多是为了附会某种思想或哲理，还谈不上对汉字形体结构的理论概括。

历史上正式讨论汉字形体构造的，是传统的"六书"说。

（一）传统的汉字构造理论——六书

六书之名最早见于《周礼》。《周礼·地官·保氏》："保氏掌谏王恶，而养国子以道，乃教之六艺，一曰五礼，二曰六乐，三曰五射，四曰五驭，五曰六书，六曰九数。"不过《周礼》没有介绍六书的具体内容。首次说出六书名称的是《汉书·艺文志》："古者八岁入小学，故周官保氏掌养国子，教之六书，谓象形、象事、象意、象声、转注、假借，造字之本也。"班固所说的六书名称是象形、象事、象意、象声、转注、假借，但没有阐述各书的意义。历史上第一次对六书作出详细解释的是汉末学者许慎。

许慎，东汉汝南召陵（现河南漯河）人，刘歆再传弟子贾逵的学生，东汉著名的古文经学家、文字学家，曾任太尉南阁祭酒等职。在《说文解字·叙》中解释了六书："周礼八岁入小学，保氏教国子，先以六书。一曰指事，指事者，视而可识，察而见意，上下是也；二曰象形，象形者，画成其物，随体诘诎，日月是也；三曰形声，形声者，以事为名，取譬相成，江河是也；四曰会意，会意者，比类合谊，以见指撝，武信是也；五曰转注，转注者，建类一首，同意相受，考老是也；六曰假借，假借者，本无其字，依声托事，令长是也。"

三家的"六书"之说名称与次序有所不同：

班固：象形、象事、象意、形声、转注、假借。
郑众：象形、会意、转注、处事、假借、偕声。
许慎：指事、象形、会意、形声、转注、假借。

三家之说系同一来源，大同小异。郑众尽管也列出了细目，但由于是随文注经，后人很少采用。作为经典之说引用的是班固、许慎两家,其中以许慎之说影响最大。唐代张参在《五经文字·叙》就采用班固的排序,而用许慎的名称,这就是:(1)象形(2)指事(3)会意(4)形声(5)转注(6)假借。清代以后,对于六书的名称与次序,一般都用许慎的细目,班固的次第。

由于许慎倾其一生精力撰写出了中国历史上第一部文字学的经典著作《说文解字》,并在书中运用六书的理论,分析了9353个汉字,对后世影响很大,所以他对六书的解释一直是后代学者分析汉字所遵循的标准,并把它作为造字之本。清代学者戴震对六书是造字之本的说法提出质疑,提出了"四体二用"之说:"指事、象形、形声、会意四者为字之体,转注、假借二者为字之用。"此后,人们一般都采用这样的说法,即象形、指事、会意、形声是造字的方法,转注、假借是用字的方法。

现代也有不少学者对"六书"说提出质疑,并提出自己的看法,其中影响较大的是"三书说"。唐兰、陈梦家、裘锡圭诸先生都提出过"三书说"。

唐兰先生在《古文字学导论》里提出的三书说是:一、象形文字;二、象意文字;三、形声文字。陈梦家在1943年重订本《中国文字学》中提出的三书说是:一、象形字;二、声假字(假借字或借音字);三、意音字。裘锡圭在《文字学概要》提出的三书说是:一、表意字;二、假借字;三、意音字

六书说与三书说没有根本的区别,只是分类不同而已。对初学者来说,不必用太多的精力去探讨理论,重要的是了解六书的基本内涵,提高分析字形、辨析词义的能力。

曾经有一种看法,以为汉字是按照象形、指事、会意、形声的方法创造的,其实并非如此。六书的理论只是后世对前人创造汉字的总结,所以并不是先有理论,然后再按照既定理论造字的。用六

书理论并不能完全解释古文字的形体构造的事实就说明了这一点。尽管如此，六书中的"四体"还是能够涵盖汉字形体构造特点的基本理论，对我们认识汉字的形与义（也包括许多读音）有重要的作用。下面就先介绍一下四书。

1. 象形

"象形者，画成其物，随体诘诎，日月是也。"——所谓象形，就是要画成所表达的物体，随着物体形状曲折宛转即成，日、月就是这样的字（诘诎：屈曲，曲折）。

象形是通过描摹词所概括的客观实体来表达词义的造字法。汉字产生于图画，因此"象形"是最早采用的造字方法，这是毫无疑问的。从古文字中我们可以看到，凡是可以画出的生活中的事物，古人都创造出了文字。这种造字法是以生动的图像表达词义，一般属于有形可象的名词。如：

耳　目　齿　　止　　行　　舟　　衣

根据象形字的结构方式,可以分为两类:一类是独体象形,表现所概括的客观事物的整体,特征鲜明,区别性强,无需造成环境,不必烘托陪衬。

二是合体象形,也称依附象形。这类字描绘的常是事物的分体,即便是整体,特征也不鲜明,需要附加背景,用与之相邻近、相关联的事物加以陪衬。如"齿""州"。

齿　　州

象形字,不论是独体,还是合体,除早期者外,一般都是简约的,有的只具轮廓。因为书写要求简便,交际讲究效率。文字是符号,不是绘画,不必工笔细描。同时又是典型的,简约求表达,典型为区别。造字者善于捕捉事物的形态特征,足以区别其他对象。有的象形字,用特征鲜明的局部形象表达事物的全体。如以 Ψ(牛的头角)表示"牛",以 ϒ(羊的头角)表示"羊"等。

在汉字的体系中,象形字的数量并不多,但其历史悠久,多成为创造新字的部件,可以说是汉字大家族之母,因此掌握象形字非常重要。

2. 指事

"指事者,视而可识,察而见意,上下是也。"——所谓指事,就是初看能够识别形体,审视方能显现意义,上、下就是这样的字。

指事是用指示性符号来表现词所概括的事物或抽象概念的造字法。象形字所表达的是看得见、摸得着的客观实体，而指事字所表达的多是抽象概念；象形字采用的是描画物象的写实法，指事字则是运用抽象符号的象征法。如：

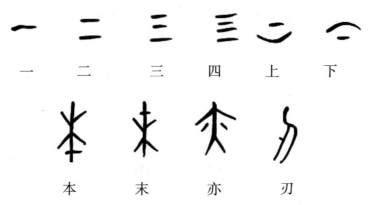

用指事的方法造字局限性很大，抽象概念符号一般人看不懂；指事物局部的，又必须依托于象形字，因此指事字比较少。

3. 会意

"会意者，比类合谊，以见指撝，武信是也。"——所谓会意，就是比并二字或数字，会合其意以成新意，由此看出造字者的意向，武、信就是这样的字。（谊：通"义"；撝：通"挥"）。

会意是组合两个或两个以上表意符号以表示新义的造字法。可见，会意字一般是由两个或两个以上表意符号组成的复合体，这是在结构上与象形字、指事字相区别之处，而这个复合体又表示新义。例如：

根据形体的结构方式,会意字基本有两类:一类是同体会意,即由两个或两个以上相同的字组合而成。如"从",一个人跟在一个人的后面,意思是跟从;"棘",由两个束字组成,意思是酸枣刺丛;"林",由两个木组成,意思是树林;"森",由三个木组成,意思是森林;"焱",由三个火组成,意思是火焰;"淼",由三个水组成,意思是大水浩森无际;"众",由三个人组成,意思是众人聚集;"羴",由三个羊组成,意思是羊臭,意思是群羊栖集,羴气浓烈。

二类是异体会意,即由两个或两个以上不同的表意符号组合而成。

如"为",象人牵象劳作;"及",象手抓住人;"取",象手抓住耳;"牧",左上方是头牛,右下是人手持棍,表示放牧;"寇",入室击打人;"射",象手射箭;等等。

按照会意字历史的演变,可以分为两个阶段。古文字阶段多是以形象的组合表示字义,小篆阶段则以字义的组合表示字义。这样就出现了以下三个需要注意的问题:

第一,古文字阶段的会意字有的无法用意义组合,如"休",《说文解字》:"息止也。从人依木。"这实际上是对画面的解释,而不是字义的组合。

第二,由于字形的演变,古文字中的会意字后世误以为形声字。如"即",《说文解字》:"即食也。从皂卪声。""既",《说文解字》:"小食也。从皂旡声。"或虽都解释为会意字,但依据不同。如"射",在古文字中是用手射箭的形象,而小篆则变成"身"和"矢"的组合,《说文解字》就解释成"弓弩发于身而中于远也。从矢从身"。因此,在辨析会意字的时候首先要考察古文字的字形。

第三,用文字符号组成的会意字的意义是由构字文字的意义组合而成的,要注意考察其意义组合关系。如睡,《说文解字》:"坐寐也。从目、垂。"劣,《说文解字》:"劣,弱也。从力少。"

"吠",《说文解字》:"犬鸣,从口犬。"这可以说是主谓关系;尖,上小下大,则兼具字义和位置考量。

象形、指事、会意三书,是不带标音成分的纯表意字。会意造字法是以象形为基础所组成的新字,记词的范围虽有所扩大,但由于不带标音成分,受到形体的限制,不能满足汉语词汇日益发展的需要,于是一种带标音成分的新的造字法——形声造字法便应运而生。

4. 形声

"形声者,以事为名,取譬相成,江河是也。"——所谓形声,就是以表事类的字为形符,取音同或音近的字为声符,合形声为新体,江、河就是这样的字。

形声是以声符表示词的读音、形符表示词义范畴的造字法。形声字的形体结构是由"形"和"声"两部分组成的。"江"字从水,工声;"问"字从口,门声;"放"字从攴,方声;"组"为丝带,从糸且声;"裹"(里)与"表"相对,从衣里声;"帛"是丝织物的总称,从巾白声;"囿"是有围墙的园地,从口有声,"口"象征四周的围墙。

形声字大大打破了创造汉字的束缚,为汉字的创造开辟了无限广阔的道路,使汉字的创造进入了完全自由的境界。可以说,是形声的造字方法为汉字注入了无限的生命力。

用形声相合的方法造字十分方便,只要需要,随时随地都可以造出来。如以"鱼"为形符,加上不同的声符就创造出了"鲤、鳝、鲑、鳗、鲇、鲈"等等;以"心"为形符,加上声符就构成了"悲、怒、恕、忠、恩、恐、慌、惧、怕"等等。甲骨文中和"鱼"有关的字只有4个,金文中也仅有6个,而《说文解字》中多达130个。甲骨文中没有与"心"有关的字,金文中也仅有10个,而《说文解字》中多达

263个。古文字中形声字较少,而现在则占有相当大比重。这充分说明形声相合的造字方法与以往汉字的造字方法有着质的不同,以往创造汉字从外界事物取材,着眼于语义,与语音脱节,而形声字则不仅直接记录语音,同时兼顾语义。记录语音、表示语义的部件多可以从人们熟悉的文字中顺手拈来,只要需要,很快就可以造出新字。直到今天,我们仍用形声的方法创造新字。如现代科技中新发现的化学元素名,金属元素就用"金"为形符,加上声符构成,如"铜、锌、镭、镁"等。非金属元素中常态为固体的就用"石"为形符,加上声符构成,如"硼、碲、砹、硅"等;常态为气体的就用"气"为形符,加上声符构成,如"氪、氖、氮、氢"等。

形声字的形符涵量大,包容广,概括性强。形符给词划定意义范畴,指给人们辨识的方向,提示思考的线索,有助于判断词义,尤其是词的本义。如从"心"的字,大多与人们的心理活动和思想感情有关;从"示"的字,多与神事和神事活动有关;从"戈"的字,多与兵器、战事有关。声符表示词的读音,但其是由表意符号充当的,不是音标,所以有的声符读音与字音只是近似。有的即使相同,由于语音的演变,声符的读音与字音距离也很大。如"江"字的"工"声,"问"字的"门"声,"阿"字的"可"声以及"路"字的"各"声等。

我们分析形声字,还要弄清形、声的位置,了解哪部分是形,哪部分是声。汉字一般采用"左形右声"的结构形式,但也有其他形式的形声字,主要有以下六种:

①左形右声　　江论桃祺
②左声右形　　期刊邵攻
③上形下声　　宪药篇罟
④上声下形　　基照婆想
⑤内形外声　　问闽衡辩

⑥内声外形　　　固裹闰街

①是形声字的基本形式;②③④的形声字也不少,⑤⑥的形声字比较少。还有的形声字,形符或声符只占一角等很小的位置,这是应该仔细区分的。如"徒"字,从辵(chuò),土声。"寶"字从宀(miǎn)玉贝,缶(fǒu)声,简化为"宝"。形符与声符的位置,在长期发展中约定俗成,固定以后就不能随意改变。

5. 转注

"转注者,建类一首,同意相授,老考是也。"由于许慎的界说含糊不清,所以造成后世学者对它的解释众说纷纭,莫衷一是,迄今没有一致的结论。以清代江声为代表,认为同一部首的字就是转注;以戴震、段玉裁为代表,认为互相训释的字就是转注;以章太炎为代表,认为转注就是同源词;还有的对转注作了新的研究,不拘于许慎的界说,如朱骏声把它改为"体不改造,引意相受",认为转注是词义引申等。许慎在《说文解字·叙》中举了"老""考"两个字例,而书中分析字形时却一个转注字也没有举出。因此,我们只要了解转注字的形体不能超出象形、指事、会意、形声四种形体的范围,不是造字法而是用字法便可以了。

6. 假借

"假借者,本无其字,依声托事,令长是也。"——所谓假借,就是本来没有这个字,靠借来的同音字寄托所要表达的词,令、长就是这样的字。

假借是本来没有这个字,靠借用的同音字来寄托所写词的意义。可见,假借与转注同是用字法。假借突破了表意造字法的局限性,利用词的同音关系,借用别的词的书写形式,舍其意义,取其声音,以记录新词,表达语言中难于造字的词义,如表示语法范畴的虚词和形容词等。比如借用焉鸟的"焉",表示与之同音的代词、语气词;借用簸箕的"其",表示代词和助词;借用傍晚的"莫",表示代词、副词;借用胡须的"而",表示语法关系的连词;借用妇女的"女",表示第二人称代词;假借与通假不同,通假是本有其字,只是临时借用音同或音近的字。例如:

①四之日其蚤,献羔祭韭。(《诗经·豳风·七月》)
②蚤知之士,名成而不毁,故称于后世。(《战国策·燕策三》)
③祸之所由生也,生自纤纤也。是故君子蚤绝之。(《荀子·大略》)
④旦日不可不蚤自来谢项王。(《鸿门宴》)
⑤颜渊蚤死。(《论衡·问孔》)
⑥蚤起,施从良人之所之。(《齐人有一妻一妾》)

"蚤"字的本义是跳蚤,"早晨"义应该用"早"字,但在这里却用"蚤"字代替"早"。人们把"蚤"称作"早"的通假字,而"早晨"义是"蚤"字的通假义。

有本字不用,却用音同音近的字来通假,如果在现代,就叫写别字。可在古代为什么允许这种情况呢?因为约定俗成。在印刷术出现以前,知识的传授靠口讲手记,书籍的流传靠抄写。在为文著述或抄写书籍时,偶尔不知道或想不起应当写的本字,或图书写方便,往往采用音同音近的字来代替。后来由于师承、仿效等原因,相沿成习,大家也都理解字的意义,这些通假字就取得了社会认可,获得了"合法"地位。因此,先秦古籍中通假字是较多的,汉代以后,这种情况就少了。后代文人为了仿古,只是用古代认可的通假字,不再"创造",否则就会被耻笑。作为学习古代汉语来说,我们必须要了解、认识通假字,否则就不能正确理解文义。例如：

①七月食瓜，八月断壶。(《诗经·豳风·七月》)

壶—瓠，"壶"的本义是大腹可盛流质的器具，通作"瓠"，葫芦瓜。

②八月剥枣，十月获稻。(《诗经·豳风·七月》)

剥—扑，"剥"的本义是用刀割裂，通作"扑"，意为击，扑打。

③《诗》曰："'孝子不匮，永锡尔类。'其是之谓乎？"(《郑伯克段于鄢》)

锡—赐，"锡"是一种金属，通作"赐"。

④邹忌脩八尺有余。(《邹忌讽齐王纳谏》)

脩—修，"脩"的本义是肉干，通作修长的"修"。

⑤植其杖而芸。(《子路从而后》)

芸—耘，"芸"的本义是一种香草，通作"耘"，意为除草。

⑥乘天地之正，而御六气之辩。(《北冥有鱼》)

辩—变，"辩"的本义是论辩，通作"变"。

⑦木直中绳，鞣以为轮，其曲中规。(《劝学》)

鞣—煣，"鞣"的本义是车轮的外周，通作"煣"，意为以火使木弯曲。

⑧故错人而思天，则失万物之情。(《天论》)

错—措，"错"的本义是用金涂饰，通作"措"，意为放置，废弃。

⑨公输盘九设攻城之机变，子墨子九距之。(《公输》)

距—拒，"距"的本义是鸡爪，通作"拒"，意为抵御，抗拒。

⑩罢夫羸老易子而齩其骨。(贾谊《论积贮疏》)

罢—疲，"罢"的本义是人熊，通作"疲"。

既然通假字的意义与它的字形结构无关,因而遇到古籍中的通假字,就应摆脱字形的束缚,因声求义,读以本字,依本字的意义去理解。如果望文生训,就会曲解文意。

这里还要掌握的是:

(1)用字通假与六书中假借的区别。

①六书假借是"本无其字,依声托事",如"莫"字本指日落黄昏这一时段,借用作无定代词"莫"。而用字通假是"本有其字"。

②用字通假是偶尔、暂时的借用,六书假借则往往是长期甚至永久的占用。

(2)汉字通假的条件是音同或音近。二者都是突破汉字字形束缚,把汉字用作记音符号,这对汉字造字的历史发展有重要的意义。

需要注意的是,所谓音同音近,指的是上古音。由于语音演变的缘故,有的通假字与本字现在读音已不一致,甚至相差很远,因此判断通假字必须以上古音为依据。

我们学习通假字的知识,是为了理解古书中的通假现象,以便认识通假字,准确地理解文义。在学习文选的时候,要特别注意掌握文选中出现的通假字。

"六书"是战国以后的人根据汉字形体结构和使用情况所归纳出来的造字和用字条例,而不是事先有人订好条例再造字。"六书"说的建立,在当时确实是个创造,把人们对字形的感性认识提高到了理性的高度,开辟了科学认识汉字形体的途径。但由于汉儒所见到的资料多为秦篆和六国文字,由于时代与科学水平的局限,"六书"说还不够完善,还有错误和疏漏。

首先,许慎对"六书"的某些界说含糊不清,欠于周密。如指事的"视而可识",近于象形;"察而见意",又近于会意。尤其是转注,千百年来聚讼不休。其次,定义与例字相抵牾。如假借的定义是"本无其字,依声托事",而例字的"令""长"并不是假借,而属于词义引申。又如会意的例字"武""信",不是会合"止""戈"以成"武"义,会合"人""言"以成"信"义。这种拼合式的会意字在先秦是很少见的,汉代以后才逐渐产生如山高为"嵩"、小土为"尘"、大长为"套"等会意字。"武"字甲骨文写作"🚶",下面的"止"不是停止、制止,而是"趾",即"足",夸张其足,表示在行走。全字似人荷戈而行,以此表示"武"的概念。"信"是从言人声的形声字。再次,汉儒缺少文字与语言的科学观念,就字论字,割裂字与词、汉字与汉语的关系,把字与词混为一谈。如"会意"字,把写动词的字与写抽象意念的词的字包容一体。古汉字既然是通过形体结构表达词义的,因形示义,那么它不可能不受所写词的影响与制约,事实上,是词的内涵影响着造字法的选择。很明显,写动词的字,再现词义所概括的行为动作,如"🚶"(走);写形容词等抽象意念的字,是曲折地表现概念,对这样的字人们要通过联想才能领悟所写词的意义,如"🌙"(明)。

(二)汉字的形体构造与古书阅读

学习古汉语在文字上遇到的困难,除了一些不认识的字之外,更多的是虽然认识字形,但对其意义却不了解,有的甚至理解错了。如"臭"字,今天多用作"香臭"的"臭",读作 chòu,而在古汉语特别是在先秦的文章中除了秽恶气味(如《左传·僖公四年》:"一薰一莸[音 yóu,臭草],十年尚犹有臭。")的含义外,更多的则是"气味"一类的意思,也用作动词。如:

上天之载,无声无臭。(《诗·大雅·文王》)
同心之言,其臭如兰。(《易·系辞上》)

> 彼臭之而(无)嗛于鼻;尝之而甘于口;食之而安于体。(《荀子·荣辱》。无,王念孙认为是衍文。彼:指刍豢稻粮。刍:牛羊。豢:犬猪。嗛:音 qiè,快意,满足。)

上述例句中的"臭"都读作 xiù。在第一句中是气味的总称,"臭"指的是所有的气味。这句话的意思是说:上天的事情,既无声音,又无气味。在第二句中,"臭"指的则是香气。这句话的意思是说:同心的话,其气味香馥如同兰花。在第三句中,"臭"作动词,意思是用鼻子闻。这个意义的"臭"字后来又加了一个"口"字旁,作"嗅"。这句话的意思是说:那些食物,闻着它鼻子觉得很香;尝一尝,嘴觉得很甜;吃了对身体也适宜。"臭"作为气味的意思至今仍保留着,如现代汉语中有"空气是无色、无臭、无味的气体"这样的说法。

上述情况,在阅读文言文尤其是先秦的文章时会经常遇到,按照字的本义去解释,才能确切地理解文章的意思。如何做到这一点呢?主要是靠查工具书,如《古汉语常用字字典》(下简称《字典》)、《辞源》《说文解字》等等。但在查阅工具书时也会遇到这种情况——同一个字在不同的工具书中有不同的解释。这就有个分辨与选择的问题。如"睡"字在《字典》与《辞源》中义项的排列与解释就有所不同。

《字典》:坐着打瞌睡。贾谊《治安策》:"将吏被介胄而睡。"(被:披。介胄:盔甲。)(引)睡着,睡觉(后起意义)。杜甫《彭衙行》:"众雏烂漫睡。"(雏:小鸟。这里指小孩。)

《辞源》:①睡觉。汉书四八贾谊传陈政事疏(按:即治安策):"将吏被介胄而睡。"②倦而闭目,瞌睡。史记六八商君传:"(秦)孝公既见卫鞅,语事良久,孝公时时睡,弗听。"

两相比较,就会清楚地看到,《字典》和《辞源》不仅对"将吏被介胄而睡"中的"睡"解释不同,而且义项的排列也不同,如何去分辨呢？可以采用分析字的结构的方法。

睡是个会意字，《说文解字》曰："睡，坐寐也，从目垂。"用"目""垂"二字的意义合成的"睡"字，形象地描绘出坐着打瞌睡时眼睛的状态。《史记·商君列传》用的是"睡"的本义。贾谊的文章中用的也是本义。贾谊用这个"睡"字，生动地呈现出当时边境烽火不断、将士们只能全副武装地"坐寐"的紧张局势。

在古汉语中，一字多义的情况是很普遍的。一个字的义项，少则二三条，多则八九条乃至十几条，在古文中用的是哪个义项也颇费推敲。如果从掌握字的本义入手去掌握各个义项，就能提纲挈领，以简驭繁。通过分析字形来辨别字义就是掌握字的本义的重要方法之一。

"涉"字在古汉语中常见的有下列意义：

①步行渡水。屈原《九章·哀郢》："江与夏之不可涉。"（江：长江。夏：夏水，在今湖北。）

②进入。《左传·僖公四年》："不虞君之涉吾地也。"（不虞：没有想到）

③游历，到。陶渊明《归去来兮辞》："园日涉以成趣。"

④经历。陈亮《上孝宗皇帝第一书》："点兵聚粮，文移往返，动涉数月。"（文移：公文。）

⑤牵连。刘知几《史通·叙事》："而言有关涉，事便显著。"

⑥阅览。《后汉书·仲长统传》："博涉书记。"（书记：书籍。）

在这些义项中，哪个是"涉"的本义呢？"涉"是会意字，从步从水。步是举足行走的意思，步水的意思是在水中行走，可见步行渡水是"涉"的本义。

又如"景"字,在古代汉语中主要有下列意义:

①日光。江淹《别赋》:"日出天而耀景,露下地而腾文。"(耀:闪耀。文:文彩。)

②大。《诗·鄘风·定之方中》:"景山与京。"(京:高丘。)

③影。《诗·邶风·二子乘舟》:"二子乘舟,汎汎其景。"(汎汎:漂浮貌。)

④景色,风物。谢灵运《拟魏太子邺中集诗序》:"天下良辰美景,赏心乐事,四者难并。"(并:在一起。)

"景"的形符是"日","京"声。由此可以判断日光是其本义,其他则是其引申义。

析字辨义还可以帮助我们正确地理解文字之间的形义关系,更清楚地了解汉字形义演变的规律。如景与影、禽与擒、员与圆、贾与价等字,一般认为它们之间是通假关系,但严格说来,是古今字的关系。

练习三

一、阅读下列各词的义项并说明其本义和判断的依据:

1. 节

①时节。《史记·太史公自序》:"四时八位十二度二十四节。"

②节操。宋文天祥《正气歌》:"时穷节乃见。"

③法度。《礼记·曲礼上》:"礼不逾节。"

④竹节。《史记·龟策列传》:"竹,外有节理,中直空虚。"

⑤骨头等其他事物的分节。《庄子·养生主》:"彼节者有间,而刀刃者无厚。"

⑥节奏。晋陆机《拟古诗》:"长歌赴促节。"

⑦节制。《论语·学而》:"不以礼节之,亦不可行也。"

2. 官

①官职。《韩非子·难一》:"耕、渔与陶,非舜官也。"

②官员。《周易·系辞下》:"百官以治,万民以察。"

③馆舍。《论语·子张》:"夫子之墙数仞,不得其门而入,不见宗庙之美,百官之富。"

④官署。《荀子·强国》:"及都邑官府,其百吏肃然。"

3. 析

①劈开木头。《诗经·齐风·南山》:"析薪如之何?"

②离散。《论语·季氏》:"邦分崩离析而不能守也。"

③分析。《世说新语》:"客问乐令'旨不至'者,乐亦不复剖析文句,直以麈尾柄确几曰:'至不?'客曰:'至。'"

④有条理。《世说新语》:"林公辩答清析,辞气俱爽。"

4. 监

①照影。《尚书·酒诰》:"人无水监,当于民监。"

②借鉴。《荀子·解蔽》:"成汤监于夏桀。"

③监视。《诗经·大雅·皇矣》:"监视四方。"

④监督。《史记·陈涉世家》:"乃以吴叔为假王,监诸将以西击荥阳。"

⑤官名。宦官,太监。《史记·秦本纪》:"〔卫鞅〕因景监求见孝公。"

⑥镜子。贾谊《新书·胎教》:"明监所以照形也。"

5. 副

①符合。《后汉书·黄琼传》:"盛名之下,其实难副。"

②音 pī,破开,剖分。《礼记·曲礼上》:"为天子削瓜者副之。"

③次,贰,位居第二。《汉书·陈汤传》:"康居副王抱阗将数

千骑,寇赤谷城东。"

④书籍文献的副本。《史记·太史公自序》:"藏之名山,副在京师。"

⑤辅助。《素问·疏五过论》:"为万民副。"

⑥首饰。编发作假髻叫"副"。笄:插在发髻上的簪。珈:笄上的玉饰。《诗经·鄘风·君子偕老》:"副笄六珈。"

⑦器物多数配套叫"副"。《唐会要·祭器仪》:"南郊太庙祭器,令所造两副供用。"

6. 扬

①飞扬。刘邦《大风歌》:"大风起兮云飞扬。"

②发扬。《三国志·蜀书·诸葛亮传》:"光扬洪烈。"

③举起。屈原《九章·哀郢》:"楫齐扬以容与兮,哀见君而不再得。"

④宣扬。柳宗元《贞符》:"显至德,扬大功。"

⑤显示。《三国志·魏书·武帝纪》:"扬兵河上。"

⑥振作。杜甫《新婚别》:"兵气恐不扬。"

⑦钺,古代的一种兵器。《诗经·大雅·公刘》:"干戈戚扬。"

⑧容貌出众。裴度《自题写真赞》:"尔貌不扬。"

7. 休

①停止。《韩非子·内储说上》:"令下而人皆疾习射,日夜不休。"

②副词,表示禁止或劝阻。杜甫《戏赠友》:"劝君休叹恨。"

③休息。《史记·秦始皇本纪》:"风雨暴至,休于树下。"

④休整。岳飞《五岳祠盟记》:"故且养兵休卒,蓄锐待敌。"

⑤美好。《左传·宣公三年》:"德之休明。"

二、说明下列各词在句中的意义并说明其本义(下画线者为人名):

1.趋

①其右提弥明知之,趋登。(《晋灵公不君》)

②今背本而趋末,食者甚众。(贾谊《论积贮疏》)

2.毕

①臣闻忠臣毕其忠。(《自知》)

②鸳鸯于飞,毕之罗之。(《诗经·小雅·鸳鸯》)

3.间

①肉食者谋之,又何间焉。(《曹刿论战》)

②晏子为齐相,出,其御(赶车的)之妻从门间而窥其夫。(《史记·管晏列传》)

③彼节者有间,而刀刃者无厚。(《庖丁解牛》)

④今国家间暇。(《孟子·公孙丑上》)

4.慢

①若无兴德之言,则责攸之、祎、允等之慢。(诸葛亮《出师表》)

②王素慢,无礼,今拜大将,如呼小儿耳。(《韩信拜将》)

5.残

①以残年余力,曾不能毁山之一毛。(《愚公移山》)

②项王所过无不残灭者。(《韩信拜将》)

6.膏

①既而缝合,傅以神膏。(《三国志·魏书·华佗传》)

②养其根而竢其实,加其膏而希其光。(《答李翊书》)

7.缘

①犹缘木而求鱼也。(《齐桓晋文之事》)

②缁布衣,锦缘。(《礼记·玉藻》)

8.徒

①舍车而徒。(王充《论衡·问孔》)

②徒善不足以为政,徒法不能以自行。(《孟子·离娄上》)

9. 货

①货自龟贝,至此五铢。(《汉书·叙传》)

②有屠人货肉归。(蒲松龄《狼》)

10. 昭

①若有作奸犯科及为忠善者,宜付有司,论其刑赏。以昭陛下平明之理,不宜偏私,使内外异法也。(诸葛亮《出师表》)

②昊天孔昭。(《诗经·大雅·抑》)

11. 偷

①邠人偷嗜暴恶者,卒以货窜名军伍中。(韩愈《段太尉逸事状》)

②故旧不遗,则民不偷。(《论语·泰伯》)

12. 被

①城中矢尽,巡缚藁为人千余,被以黑衣,夜缒城下。(《张巡守雍丘》)

②世之有饥穰,天之行也,禹汤被之矣。(《荀子·天论》)

四　词类和词类活用

学习要点：
1. 掌握词类和词类划分的依据
2. 掌握分析词性的方法
3. 掌握名词、形容词活用的概念和表现
4. 学会辨析和翻译词类活用
5. 认真完成练习

词类活用是古代汉语突出的语言现象，也是古今汉语语法的重要差异之一。由于词类活用在现代汉语中已经很少见了，所以词类活用是阅读古文最突出的障碍之一。例如：

①(偃)见棠姜而美之。(《左传·襄公二十五年》)

②襄公之时，修行仁义，欲为盟主。其大夫正考父美之。(《史记·宋微子世家》)

上述例句中都有"美"字，但在句中是什么意思呢？它们本来是形容词，在句中都活用为动词：例①是意动用法，意思是"认为棠姜很漂亮"；例②的意思是"赞美"。如果不知道词类活用的用法，就无法理解句子的意思。

要透彻理解和分析词类活用,首先要学会分析和判断词性。

(一)分析词性的作用

词类是词在语法上的分类。词性是词在语法意义上的性别,表示词所属的类别。古今汉语词类的划分没有太大的差别,但同一个字,古今词性却不一定相同。比如"是"在现代汉语中是表示判断的动词,而在古代汉语中却常用作代词;"少"在现代汉语中是形容词,而在古代汉语中用作程度副词,如"太后之色少解";"饭"在现代汉语中是名词,而古代汉语中的本义是动词,如"饭疏食,饮水"。学会辨析词性,对掌握句子结构和确切地理解文义也很有帮助。例如:

①孔子之丧有自燕来观者。舍于子夏氏。子夏曰:"圣人之葬人与人之葬圣人也。子何观焉?"(《礼记·檀弓上》)——孔子丧葬时有从燕国来观看的。住在子夏家里。子夏说:"圣人葬人和人葬圣人。您观看什么呢?"

②周有泉府之官,收不售与欲得,即《易》所谓"理财正辞,禁民为非"者也。(《资治通鉴》)——周代有主管钱财的官府,收购百姓卖不出去的和想得到的,这就是《周易》所说的"理财正辞,禁民为非"的情况。

按照目前的标点和翻译,例①的"圣人葬人和人葬圣人"和例②的"收购卖不出去的和想得到的"都无法理解,问题出在哪里?就在于对"与"的理解上——都理解成了连词。实际上例①的"与"是句尾语气词。全句的意思是孔子办丧事的时候,有从燕国来观看的人,住在子夏家里。子夏说:"是圣人葬一般的人吗?〔不是〕是一般的人葬圣人。您观看什么呢?"如解为连词意思就不通了。

例②的"与"是动词,意思是"给予"——收购卖不出去的,供给想得到的。如理解为连词,"不售与欲得"都成了收的对象,意思也不通了。

学会分析词性对辨析词类活用也有重要的作用,比如上面例句中的"美之",如果不知道"美"本来是形容词,怎么能知道"美"是形容词活用呢?

(二)分析词性的方法

1. 词类的特点

分析词性的主要依据是看词在句子中的组合功能和造句功能,因此熟练掌握各类词的组合能力及造句功能是正确判断词性的基础。组合能力指某类词可以跟什么词组合,不能跟什么词组合。例如副词可以和形容词组合(部分副词可以和动词组合),不能同名词组合;介词可以同名词、代词及名词性词组组合,不能同动词组合,等等。造句功能指在句子中可以充当什么成分。例如:名词在句子中可以充当主语、宾语、定语、状语及判断句的谓语,不能充当叙述句的谓语;连词不能单独充当句子成分,只能与名词、动词、形容词组成词组充当句子成分,等等。

在词类的划分中,一般把有词汇意义的叫做实词,没有词汇意义的叫做虚词。在古代汉语中,一般把名词、动词、形容词、数量词作为实词,代词、副词、介词、连词、助词、语气词等作为虚词。

分析词性,首先要掌握各类词的语法特点。因为词类活用主要表现在实词上,所以这里先介绍名词、动词、形容词、数量词的主要特点。代词、副词、介词、连词、助词、语气词的特点将在"虚词的学习与辨析"中介绍。

(1)名词。表示人或事物名称的词。可以分为普通名词、专有名词、时间名词、方位名词四种。普通名词如"人""妻""国""天下""兵"等;专有名词如"江"(长江)、"河"(黄河)、"诗"(专指《诗经》)、"书"(专指《尚书》)、"刘备""戈"等;时间名词如"今""昔""旦""暮"等;方位名词如"东""西""南""北""中""内""外"等。名词可以同形容词、介词、动词、连词等组合,在句中充当主语、宾语、状语、定语、补语和判断句谓语,一般不能与副词组合。例如:

①今人有大功而击之,不义。(《史记·项羽本纪》)——现在别人有大功却去攻击他,这样做不符合道义。

②至天都侧,从流石蛇行而上。(徐宏祖《游天都》)——到达天都峰旁边,沿着光滑的石板像蛇一样向上爬。

③西门豹簪笔磬折。(《西门豹治邺》)——西门豹把笔插在头发上,像磬一样弯着腰(恭敬地站在那里)。

④燕雀乌鹊,巢堂坛兮。(《楚辞·涉江》)——燕雀乌鹊,在堂前庭中筑巢呵。巢:名词活用为动词。

⑤邴夏御齐侯。(《鞌之战》)——邴夏为齐侯驾车。

例①中的"功"受形容词"大"修饰,在句中作"有"的宾语,是名词。"义"本来是名词,但前边是否定副词"不",说明"义"是活用为形容词。需要注意的是,古汉语名词作状语或补语常常不用介词。例②的"蛇"、例③的"磬"就是名词作状语。例④的"堂坛"、例⑤的"齐侯"是名词作补语。

(2)动词。表示人或事物的动作、行为以及变化的词。根据动词后面能否带宾语,又细分为及物动词(又叫"他动词""外动词")和不及物动词(也叫"自动词""内动词")两类。及物动词所表示的动作常常影响到动作发出者以外的人或事物,可以带宾语。

例如"饮酒"的"饮"是及物动词,后面有宾语"酒"。不及物动词表示的动作仅限于动作发出者自身,不涉及动作发出者以外的人或事物。例如"生""死"等。动词中又有能愿动词和判断动词。能愿动词一般不能独立作谓语,也不能带宾语,经常附在其他动词之前作状语,表示可能。例如:

> ①汉之赂遗王财物,不可胜言。(《张骞传》)——汉王送给大王的财物,不能说尽。
>
> ②〔张骞〕从月氏至大夏,竟不能得月氏要领。留岁余,还。并南山,欲从羌中归,复为匈奴所得。(《张骞传》)——张骞从月氏到大夏,终究没有得到月氏明确的表示。住了一年多,就回国。沿着昆仑山,想从羌人居住的地方返回,又被匈奴抓住。

句中的"可""能""欲"都是能愿动词。

判断动词数量较少,多为后起。尤其需要注意的是"是"字。"是"字是现代汉语中最常用的判断动词,而在先秦汉语中,"是"作指示代词而不作判断动词。例如:

> 虎兕出于柙,龟玉毁于椟中,是谁之过与?(《季氏将伐颛臾》)——老虎和犀牛跑出木笼,龟板和宝玉毁在匣子里,这是谁的过错呢?

"是"代"虎兕出于柙,龟玉毁于椟中"这种情况。

古代汉语中常见的判断动词有"为""非"。"为"表判断,相当于现代汉语的"是","非"常用在否定句中,相当于现代汉语的"不是"。例如:

> ①如今人方为刀俎,我为鱼肉,何辞为?(《鸿门宴》)——现在人家是切肉的刀和板,我们是任人宰割的鱼和

肉,为什么去辞别呢?

②为长者折枝,语人曰:"我不能。"是不为也,非不能也。(《齐桓晋文之事》)——为年老的人折个树枝,告诉人说:"〔这种事〕我做不了。"这是不去做,不是不能做。

动词在句中经常作谓语,也可以充当主语、宾语、定语、状语、补语,可以受副词修饰,但不能与介词结合。例如:

①魏将庞涓闻之,去韩而归,齐军既已过而西矣。(《孙膑》)——魏将庞涓听说齐军攻魏的国都大梁,就离开韩国返回,这时齐军已经越过国境向西推进了。

②学不可以已。(《劝学》)——学习不可以停止。

③但欲求死,不复顾利害。(文天祥《指南录后序》)——只愿求死,不再顾念利害。

④不狩不猎,胡瞻尔庭有县貆兮。(《诗经·魏风·伐檀》)——不出打猎,为什么看到你家有悬挂着的貆啊。

⑤(韩)信乃令军中毋杀广武君,有能生得之者购千金。(《史记·淮阴侯列传》)——韩信命令部队不要杀广武君,有能活捉他的奖赏千金。

⑥若火之燎于原,不可向迩,其犹可扑灭?(《尚书·盘庚上》)——像大火在原野上燃烧,不能接近,难道还可以扑灭吗?

例①的"闻、去、归、过"在句中作谓语("西"是名词活用为动词作谓语)。例②的"学"作主语。例③的"死"作宾语。例④的"县"是"悬"的本字,在句中作定语。例⑤的"生"作状语。例⑥的"灭"作补语。副词修饰谓语的情况如例①的"既已",例③的"但""不复"等。如果动词前是介词,那一定是省略了介词宾语,这在下面介词部分将谈到。

(3)形容词。表示人或事物的性状、性质、或者动作、行为、变化状态的词,在句中经常作定语、状语、谓语,也能作主语、宾语。例如:

①枕席而卧,则清泠之状与目谋,瀯瀯之声与耳谋,悠然而虚者与神谋,渊然而静者与心谋。(柳宗元《钴鉧潭西小丘记》)——铺着枕席躺在那里,清爽明净的景色与眼睛交谈,的流水声与耳朵交谈,悠然虚渺的境界与精神交谈,深沉宁静的状态与心灵交谈。(枕席:名词用作动词,铺着枕席。谋:谋划,这里指景物与人的五官交谈。)

②是以十九年而刀刃若新发于硎。(《庖丁解牛》)——因此用了十九年可是刀刃就像刚在磨刀石上磨过的一样锋利。

③吾与徐公孰美?(《邹忌讽齐王纳谏》)——我与徐公哪一个漂亮?

④治乱,天邪?(《天论》)——安定与动乱是天决定的吗?

⑤籴贱贩贵。(杨恽《报孙会宗书》)——买贱〔的东西〕,卖贵〔的东西〕。

⑥是故圣益圣,愚益愚。(韩愈《师说》)——因此聪明的人更加聪明,愚笨的人更加愚笨。

例①的"清泠、瀯瀯、悠然、虚、渊然、静"作定语。例②的"新"作状语。例③的"美"作谓语。例④的"治乱"作主语。例⑤的"贱""贵"、例⑥前一个"圣""愚",名词的意味很浓(有人认为是形容词活用为名词)。例⑥后一个"圣""愚"是形容词作谓语,前面有副词"益"修饰。

(4)数量词。数量词是表示事物数目与单位的词,在句中可以作主语、谓语、宾语、定语、状语、补语,这同现代汉语基本相同。需要注意的是,古汉语表动量的数词一般放在动词之前作状语。例如:

> 有奇景若此,前未一探,兹游快且愧矣。(徐宏祖《游天都》)——有这样奇异的景象,上次没有探访一下,这次游览又快慰又惭愧。

2. 分析词性的方法

分析一个词的词性,首先要抓住各类词的主要特点。例如,看能否与介词、副词结合,就可以判断是名词还是形容词或动词;从能否带宾语上,就可以把名词与及物动词区别开来(形容词带宾语都属于活用为动词);是充当叙述句谓语还是描写句谓语,就可以把形容词与不及物动词区别开来。第二是结合上下文的意义分析。因为有时从词的语法功能上不能判断词性,就要结合词在上下文中的意义进行分析。例如"早":

> ①盛服将朝,尚早,坐而假寐。(《左传·宣公二年》)——穿好朝服准备上朝,因时间还早,(就)坐在那里打瞌睡。
>
> ②早救之,孰与晚救之便。(《战国策·齐策》)——早点救韩国,比晚救韩国哪样更合适。孰与:表比较选择。便:适宜。
>
> ③云雨未谐,早被东风吹散。(秦观《阮郎归》之一)——早:已经。

例①受副词"尚"修饰,例②修饰动词"救",都是形容词。例③修饰动词"吹",是副词。例②例③形式类似,为什么一个是形容词,一个是副词呢?这就要结合词义考察了。例②的意义是"时间早",还可以受副词修饰(如例①),所以是形容词。例③的意义是"已经",不能再受副词修饰,所以是副词。

再如"适":

①子适卫(《论语·卫灵公》)——孔子到卫国。

②时已过午,奴仆适至。(徐宏祖《游天都》)——时间已过了中午,奴仆刚好赶到。

③今弃击瓮叩缶而就郑卫,退弹筝而取韶虞,若是者何也?快意当前,适观而已矣。(李斯《谏逐客书》)——现在抛弃秦国的音乐而取异国的音乐,这样做是什么原因?〔只求〕眼前快乐,听起来舒畅罢了。击瓮叩缶、弹筝:这里指代秦国音乐。郑卫韶虞:这里指异国音乐。

例①的"适"下接名词"卫",是动词。而例②例③的"适"下面接的都是动词,但例②的是副词,例③的是形容词,这就是"适"在上下文中的意义不同造成的。例②的"适"是修饰动词,所以是副词。例③的"适"是说明"何也"的,"观"是"适"的补语,所以"适"是形容词。

(三)词类活用

1. 什么是词类活用

我们已经知道了词都属于一定的类别,不同类别的词的语法功能是不同的。比如名词经常作主语、宾语、定语,形容词经常作定语、状语、谓语等,不能作陈述句的谓语,更不能带宾语,等等。但在古代汉语中,某些词在特定的语言环境中又可以临时改变它的基本功能,在句中充当其他类别的词,词的这种临时的灵活运用,就叫做词类活用。

词类活用和词的兼类不同。词的兼类是指一个词(实际上是

字)同时有几种词性。例如"实"既是名词,又是形容词、副词:

①古者丈夫不耕,草木之实足食也。(《五蠹》)——古时候男子不耕田,草木果实就足够吃了。

②故饥岁之春,幼弟不饷,穰岁之秋,疏客必食。非疏骨肉爱过客也,多少之实异也。(《五蠹》)——所以灾年的春天,对年幼的弟弟也不给食物,丰年的秋天,对疏远的客人也一定给他食物吃。这不是疏远亲骨肉而爱路过的客人,而是果实多少不同〔造成〕的。

③仓府两实,国强。(《商君书·去强》)——粮仓和府库都充实,国家就强大。

④有善始者实繁,能克终者盖寡。(《旧唐书·魏徵传》)——有好开头的确实很多,能贯彻到底的大概很少。

⑤实无反心。(《史记·李斯列传》)——确实没有反叛之心。

⑥乃出图书,空囊橐,徐徐焉实狼其中。(马中锡《中山狼传》)——于是拿出图书,腾空口袋,慢慢地把狼装在口袋里。

例①的"实"由连词"之"与名词"草木"相接,在句中作主语,是名词。例②的"实"由连词"之"与形容词"多少"相接,也是名词。例③的"实"上接数词,在句中作谓语,是形容词。例④的"实"修饰形容词"繁",是副词。例⑤的"实"修饰动词,是副词。这些都是"实"的常规用法。但例⑥的"实"就不同了,它后面有名词"狼"。如果仔细分析,我们要知道"徐徐焉实狼其中"是个叙述句,但句中没有一个动词,"徐徐"是形容词;"焉"是形容词词尾;"实"也是形容词;"其"是指示代词;"中"是方位名词。其次,这句话说的是"把狼装在口袋里"——腾空的口袋里装进了狼,也就是被狼充实了。因此,这里的"实"是活用,即临时作动词使用,并且带宾语。如果脱离了这个特定的语言环境,它的动词性就消失了。

词类活用是古代汉语中常见的现象,应该很好地掌握。其中最需要注意掌握的是名词、形容词等活用作动词,使动用法,意动用法三种情况。

2. 名词、形容词等活用作动词

(1) 名词活用为动词

①策蹇驴,囊图书。(马中锡《中山狼传》)

②假舟楫者,非能水也,而绝江河。(《劝学》)

③王之不王,不为也,非不能也。(《齐桓晋文之事》)

④齐景公问政于孔子。孔子对曰:"君君、臣臣、父父、子子。"(《论语·颜渊》)

⑤老吾老,以及人之老;幼吾幼,以及人之幼,天下可运于掌。(《齐桓晋文之事》)

⑥遥望老子杖藜而来,须眉皓然,衣冠闲雅,盖有道者也。(马中锡《中山狼传》)

⑦丈人目先生使引匕刺狼。(马中锡《中山狼传》)

⑧王计必欲东,能用信,信即留;不能用,信终亡耳。(《韩信拜将》)

⑨先生且喜且愕,舍狼而前。(马中锡《中山狼传》)

⑩有楚大夫于此,欲其子之齐语也。(《孟子·滕文公下》)

例①的"策""囊"本是名词,指"鞭子""口袋",句中活用为动词,意思是"用鞭子赶、用口袋装"。例②的"水"本是名词,句中活用为动词,意思是"游泳"。例③的"王"本来都是名词,指"大王"。第二个活用为动词,特指"用王道统一天下"。例④的第二个"君、臣、父、子"都活用为动词,指"像君、像臣、像父、像子"。例⑤句的

"老、幼"本指"老人、幼儿",第一个都活用作动词,意思是"尊敬、疼爱"。例⑥的"杖"用作动词,意思是"拄着(藜杖)"。例⑦的"目"活用为动词,意思是"使眼色"。例⑧、⑨的"东""前"是方位名词活用为动词,"东"指"向东出关(同项羽争天下)";"前"指"走上前"。例⑩的"齐语"是名词性词组活用为动词,指"学习讲齐国话"。

(2)形容词活用为动词

①使上官大夫短屈原于顷襄王。(《屈原列传》)

②诸君子皆与驩言,孟子独不与驩言,是简也。(《孟子·离娄下》)

③薛谭学讴于秦青,未穷青之技,自谓尽之。(《列子·汤问》)

④昌以牦悬虱于牖,南面而望之,旬日之间,浸大也。(《列子·汤问》)

⑤使尽之,而为之箪食与肉,寘诸橐以与之。(《左传·宣公二年》)

⑥项伯素善留侯张良(《鸿门宴》)

⑦其良人出,则必餍酒肉而后反。(《齐人有一妻一妾》)

⑧有穴窈然,入之甚寒,问其深,则其好游者不能穷也,谓之后洞。(王安石《游褒禅山记》)

⑨尽吾志也而不能至者,可以无悔矣,其孰能讥之乎?(王安石《游褒禅山记》)

例①的"短"本是形容词,指长短,句中活用为动词,意思是"说坏话"。例②的"简"本指"简单",句中活用为动词,意思是"慢待"。例③的"穷""尽"本指"尽头",句中指"彻底学完"。例④的"大"本指"大小",句中指"变大"。例⑤的"尽"指"吃完"。例⑥的"远"本指"距离远近",句中指"远离"。例⑦的"餍"本指"满足",

句中指"吃饱喝足"。例⑧的"穷"指"走完"。例⑨的"尽"指"用完"。形容词活用为动词后有一个特点,即翻译成现代汉语必须要加上动词,而形容词的意义就成了对所加动词的补充。

(3)数量词等活用作动词

①古者天下散乱,莫之能一,是以诸侯并作。(《史记·秦始皇本纪》)

②伯乐喟然太息曰:"一至于此乎!是乃其所以千万臣而无数者也。"(《列子·说符》)

③乃自强步,日三四里。(《触龙说赵太后》)

④晋不可启,寇不可玩。一之谓甚,其可再乎?(《左传·僖公五年》)

⑤食马者不知其能千里而食也。(韩愈《马说》)

⑥六王毕,四海一;蜀山兀,阿房出。(杜牧《阿房宫赋》)

⑦籍令秦始皇长世……虽四三皇,六五帝,曾不足比隆也。(章太炎《秦政纪》)

例①的"一"指"统一"。例②的"千万"指"超过千万倍"。例③的"三四里"指"行走三四里"。例④的"再"指"有第二次"。例⑤的"千里"指"走千里"。例⑥的"一"指"统一"。例⑦的"四""六"指"成为与三皇并列的第四个人皇""与五帝并列的第六个帝王"。都是数量词活用为动词,翻译的时候一定要把动词的意义翻译出来。

(四)怎样辨析和翻译名词活用为一般动词

1. 辨析

看句中的名词、形容词是不是活用为动词可以从句子意义和语法特点两个方面考查。

(1)从句子和词语意义上考察

名词活用为一般动词在意义上的特征是,活用的名词只是具有了动词性,这个名词本身的意义并没有消失。如果这个词名词的意义消失了,那它有可能本来就有动词的性质,只是由于语言的发展变化,它的动词性在现代汉语中消失了。例如"衣"字在《史记》正文和注释中出现了315次,其中有动词性的句式——

一是"衣 X",如:

①养豕,食肉,衣其皮。(《史记·夏本纪》注)

②富贵不归故乡,如衣绣夜行,谁知之者!(《史记·项羽本纪》)

③杜伯起于道左,衣朱衣冠,操朱弓矢,射宣王,中心折脊而死。(《史记·周本纪》注)

"衣绣"翻译成现代汉语,意思是"穿着绣花的衣服",似乎"衣"有"衣服"的意思,实际上"衣服"的意思含在"绣"之中(这里是用指代的修辞手法,以质地代衣服),"衣"只是"穿"的意思。

二是"衣 X 衣"。《史记》中这种句式最多。如:

①纣兵败。纣走入,登鹿台,衣其宝玉衣,赴火而死。(《史记·殷本纪》)

②天子又刻玉印曰"天道将军",使使衣羽衣,夜立白茅上,五利将军亦衣羽衣,立白茅上受印,以示弗臣也。(《史记·孝武本纪》)

其他如"衣紫及绣、衣旃裘、衣丝、衣褐、衣帛、衣锦、衣狐貉、衣轻裘、衣旃裘、衣紫及绣、衣偏裻之衣、衣麤衣、衣褐衣、衣绣衣、衣玄绣之衣、衣偏裻之衣、衣皁布衣、衣敝缊袍、衣敝补衣、衣缯单衣、衣文衣、衣故衣、衣单袷、衣儒衣、衣朝衣、衣襜褕、衣士衣、衣其人衣",等等,从意思上考查,上面的"衣"只有动词"穿"的意思,没有"衣服"的意思。这种情况不能叫做词类活用。如果只是一个"衣"字,这个"衣"字同时具有名词和动词的意思,才可以看作活用为动词。例如:

①太子及宾客知其事者,皆白衣冠以送之。(《史记·刺客列传》)

②太公闻之,夜衣而行,犁明至国。(《史记·齐太公世家》)

③冬日鹿裘,夏日葛衣。(《史记·李斯列传》)

④孟舒、田叔等十余人赭衣自髡钳,称王家奴,随赵王敖至长安。(《史记·田叔列传》)

⑤原宪终身空室蓬户,褐衣疏食不厌。(《史记·游侠列传》)

⑥齐冠带衣履天下,海岱之间敛袂而往朝焉。(《史记·货殖列传》)

上述例句中的"衣"首先是名词,意思是"衣服",在句中又有动词"穿"的意思,所以都是名词活用为动词。

根据上面的分析,我们应该有一个清楚的认识,从意义上判断名词是不是活用为动词,主要看这个词在句中是不是同时具有名词和动词的意义,如果是,就可以确定是活用,如果只有名词或动词的意义,就不一定是活用。

辨析一个名词是不是词类活用,要先对应着写出古文中各个词在现代汉语中的意思(简称"对应释词"),这样才能找出难点来分析。例如:

①原文:子路从　而后　。
释词:子路跟随而后面。

②原文：遇　丈人，以　杖荷　蓧。

释词：遇见老人，用拐杖挑着蓧。

③原文：子路曰："子　见　夫子乎？"

释词：子路问："您看见老师吗？"

将词语对应写出来之后，我们就会发现这三句话中的②、③句意思不难理解，第二句很通顺，第三句如果加上修饰成分，翻译成"子路问道：'您看见〔我的〕老师〔了〕吗？'"也很通顺，但第①句不好理解。这时候我们就要考虑是不是有词类活用现象。对应原文写出各词在现代汉语中的意义很重要，只有发现词类活用的线索，才能进一步考查。再如：

①原文：衣　其　宝玉　衣　。（《史记·殷本纪》）

释词1：衣服　他的　宝玉做的　衣服。（"衣"作为名词）

释词2：穿着　他的　宝玉做的　衣服。（"衣"作为动词）

②原文：皆白　衣　冠　以送之。（《史记·刺客列传》）

释词1：都白色　衣服　帽子　来送荆轲。（"衣"作为名词）

释词2：都白色　穿　帽子　来送荆轲。（"衣"作为动词）

③原文：夜　衣　而行　。（《史记·齐太公世家》）

释词1：夜里　衣服　出走。（"衣"作为名词）

释词2:夜里 穿 出走。("衣"作为动词)

通过上面的释词我们可以看到,例①的"衣"作为名词不可解,例②、③作为动词不可解,而理解为名词活用为动词就可以理解。例②的意思是"穿着白色的衣服",例③的意思是"穿着衣服"。

下面我们再看一段古文:

原文:綦毋张丧 车,从 韩厥曰:"请寓 乘 。"从 左
释词:綦毋张丧失车,跟从韩厥说:"请搭乘战车。"跟从左边

原文:右 ,皆 肘 之,使立于后 。(《鞌之战》)
释词:右边,都 胳膊肘他,让站在后边。

对应着写出词在现代汉语中的意义之后,前面的句子虽然不通顺,但还像是一个句子,也好理解。而"都胳膊肘他"就不是一个句子了,很难理解。遇到这样难以理解的地方就要想一想,"肘"是不是词类活用。再从上文"从左右"和下文"使立于后"看,綦毋张想站在韩厥左边或右边,韩厥让他站在身后。他怎么表示的?"肘之"。这个"肘"的意思是"用胳膊肘触綦毋张",这个"肘"在句中有动词的意思,因此我们就可以确定"肘"在句中活用为动词。

(2)从语法特点上考查

从语法特点上考查,就是看词、句子成分的组合关系。比如名词前不能有副词修饰;名词、形容词不能与能愿动词结合;名词、形容词不能带宾语;名词前后不能有介宾词组作状语或补语;名词连用,既不是并列关系,也不是偏正关系;名词、形容词不能与"所"结合作"所"字结构,等等。如果句中的名词或形容词出现了上述情况,这个名词或形容词就是词类活用。例如:

①居秦期年,秦惠王终相张仪。(《史记·张仪列传》)

②良尝闲从容步游下邳圯上,有一老父,衣褐,至良所,直堕其履圯下,顾谓良曰:"孺子,下取履!"良鄂然,欲殴之。为其老,强忍,下取履。父曰:"履我!"良业为取履,因长跪履之。父以足受,笑而去。良殊大惊,随目之。(《史记·留侯世家》)

③左右欲兵之。(《史记·伯夷列传》)

④吾为若楚歌。(《史记·留侯世家》)

⑤师还,馆于虞。(《左传·僖公五年》)

⑥楚公子围聘于郑,且娶于公孙段氏,伍举为介。将入馆,郑人恶之,使行人子羽与之言,乃馆于外。(《左传·昭公元年》)

例①"相"的意思是丞相,是名词,但"相"之前有副词"终",之后有名词"张仪",因此可以判定是活用为动词,并且是使动用法,"使张仪作丞相"。例②"衣褐"是两个名词连用,"衣"活用为动词,"穿";句中有六个"履","履我""履之"后面有代词,因此它们是活用为动词。例③"兵"的是名词,"兵器",但"兵"之前有能愿动词"欲",之后有代词"之",因此是活用为动词。例④"楚歌"前面有介宾结构"为若"作状语,例⑤、例⑥"馆"的意思是"馆舍",是名词,但例⑤"馆"之后介宾结构"于虞"作补语,例⑥"馆"之前有副词"乃",其后有介宾结构"于外"作补语,因此"楚歌""馆"是活用为动词。

翻译名词活用为动词的一般方法是增加一个能够与该名词搭配的动词,如"履我""兵之""楚歌"可以翻译为"为我穿鞋""用兵器杀""演唱楚歌"。例②"衣"后面有宾语"褐",就直接翻译成动词。如果活用的名词本身后边有补语,就要结合主语选择相应的动词。如例⑤"馆于虞",主语是"师"(军队),可以翻译成"驻扎"。例⑥主语是"楚公子",就翻译成"住"。

2. 名词活用为一般动词的翻译

名词活用为一般动词的翻译方法与古文的翻译方法是一致的。需要不断强调的是,在没养成直译习惯和对名词活用为一般动词敏锐的感受能力之前,还是要用"笨"办法来翻译,即首先逐词对译,然后再调整。

这里需要特别指出的是,一些名词活用为动词时候,意义比较灵活,一定要结合上下文来理解,才能够把意思确切地翻译出来。遇到难以翻译的地方,要注意参考前人的注释。看下面的例子:

①旦日,卒中往往语,皆指目陈胜。(《史记·陈涉世家》)

②范增数目项王,举所佩玉玦以示之者三,项王默然不应。(《史记·项羽本纪》)

③日䃅子二人皆爱,为帝弄儿,常在旁侧。弄儿或自后拥上项,日䃅在前,见而目之。弄儿走且啼曰:"翁怒。"上谓日䃅:"何怒吾儿为?"(《汉书·霍光金日䃅列传》。师古曰:"目,视怒也。")

例句①、②、③中的"目"都活用为动词,似乎都可以翻译成"用眼睛看",但例句②"目项王"的意思是"用眼睛向项王使眼色",例句③"目之"的意思是"生气地瞪他",翻译成"用眼睛看"虽然不能说不对,但过于简单,翻译时应该结合上下文把"目"中丰富的内涵确切地表达出来。

以上我们介绍了词类、词类活用方面的知识,介绍了分析词性和辨析词类活用的方法,但要掌握这些知识,并运用它们解决阅读古文时遇到的问题,还需要多做练习。

练习四

一、分析下列各词在句中的词性和意义或词类活用,并说明判断的理由:

(一)必

1. 臣闻智者千虑,必有一失;愚者千虑,必有一得。(《史记·淮阴侯列传》)

2. 古明主必其诛也。(《五蠹》)

(二)甚

1. 甚矣,汝之不惠。(《愚公移山》)

2. 太后曰:"丈夫亦爱怜其少子乎?"对曰:"甚于妇人"。(《触龙说赵太后》)

3. 寡人甚说之。(《晏子春秋》)

(三)将

奢曰:"兵,死地也,而括易言之。使赵不将括即已,若必将之,破赵军者必括也。"及括将行,其母上书言于王曰:"括不可使将。"(《秦与赵兵相距长平》)

(四)目

1. 王行暴虐侈傲,国人谤王。召公谏曰:"民不堪命矣。"王怒,得卫巫,使监谤者,以告则杀之。其谤鲜矣,诸侯不朝。三十四年,王益严,国人莫敢言,道路以目。厉王喜,告召公曰:"吾能弭谤矣,乃不敢言。"(《召公谏弭谤》)

2. 范增数目项王,举所佩玉玦以示之者三,项王默然不应。(《鸿门宴》)

3. 大司马孔父嘉妻好,出,道遇太宰华督,督说,目而观之。(《史记·宋微子世家》,服虔曰:"目者,极视精不转也。")

4. 郅都者,杨人也。以郎事孝文帝。孝景时,都为中郎将,敢

直谏,面折大臣于朝。尝从入上林,贾姬如厕,野彘卒入厕。上目都,都不行。上欲自持兵救贾姬。(《史记·酷吏列传》)

5. 日䃅子二人皆爱,为帝弄儿,常在旁侧。弄儿或自后拥上项,日䃅在前,见而目之。弄儿走且啼曰:"翁怒。"上谓日䃅:"何怒吾儿为?"(《汉书·霍光金日䃅列传》)

6. 时乘舆幄坐张画屏风,画纣醉踞妲己作长夜之乐。上以伯新起,数目礼之。(《汉书·叙传》)

7. 旦日,卒中往往语,皆指目陈胜。(《史记·陈涉世家》)

8. 荆轲尝游过榆次,与盖聂论剑,盖聂怒而目之。荆轲出,人或言复召荆卿。盖聂曰:"曩者吾与论剑有不称者,吾目之;试往,是宜去,不敢留。"(《史记·刺客列传》)

二、说明下列句中的词类活用现象:

1. 赵王不听,遂将之。(《秦与赵兵相距长平》)

2. 身所奉饭饮而进食者以十数,所友者以百数。(《秦与赵兵相距长平》)

3. 信数与萧何语,何奇之。(《韩信拜将》)

4. 何闻信亡,不及以闻,自追之。(《韩信拜将》)

5. 今大王举而东,三秦可传檄而定也。(《韩信拜将》)

6. 自子厚之斥,遵从而家焉,逮其死不去。(韩愈《柳子厚墓志铭》)

7. 以如司农治事堂,栖之梁木上。(韩愈《段太尉逸事状》)

8. 踔厉风发,率常屈其座人。(韩愈《柳子厚墓志铭》)

9. 晞一营大噪,尽甲。(韩愈《段太尉逸事状》)

10. 晋灵公不君。厚敛以彫墙。(《晋灵公不君》)

11. 既而与为公介,倒戟以御公徒而免之。(《晋灵公不君》)

12. 晋侯饮赵盾酒,伏甲将攻之。(《晋灵公不君》)

13. 赵主之子孙侯者,其继有在者乎。(《战国策·赵策》)

14. 曹子手剑而从之。(《公羊传·庄公十三年》)

15. 范增数目项王。(《史记·项羽本纪》)

16. 大夫种、范蠡存亡越,霸勾践。(《史记·淮阴侯列传》)

17. 先生之恩,生死而肉骨也。(马中锡《中山狼传》)

18. 筑室百堵,西南其户。(《诗·小雅·斯干》)

19. 外黄富人女甚美,庸奴其夫。(《史记·张耳陈馀列传》)

20. 天下乖戾,无君君之心。(柳宗元《封建论》)

21. 诸君子皆与驩言,孟子独不与驩言,是简也。(《孟子·离娄下》)

22. 使上官大夫短屈原于顷襄王。(《史记·屈原列传》)

23. 王者不却众庶,故能明其德。(李斯《谏逐客书》)

24. 诸侯恐惧,会盟而谋弱秦。(贾谊《过秦论》)

25. 将军忠贤,能安刘氏也。(《汉书·霍光传》)

26. 强本而节用,则天不能贫。(《天论》)

27. 君子易事而难说也。说之不以道,不说也。(《论语·子路》)

28. 膏锏有余,则车轻人。(《吴子·治兵》)

三、说明下列文句中的词类活用现象,并将全文译为现代汉语:

1. 欲知平直,则必准绳;欲知方圆,则必规矩;人主欲自知,则必直士。(《自知》)

2. 项王虽霸天下而臣诸侯,不居关中而都彭城,有背义帝之约而以亲爱王,诸侯不平。(《韩信拜将》)

3. 夫积贮者,天下之大命也。苟粟多而财有余,何为而不成?以攻则取,以守则固,以战则胜。怀敌附远,何招而不至?今殴民而归之农,皆著于本,使天下各食其力,末技游食之民,转而缘南亩,则畜积足而人乐其所矣。可以为富安天下,而直为此廪廪也。

窃为陛下惜之。(《论积贮疏》)

4.公孙龙问于魏牟曰:"龙少学先王之道,长而明仁义之行;合同异,离坚白;然不然,可不可;困百家之知,穷众口之辩;吾自以为至达已。今吾闻庄子之言,茫焉异之。不知论之不及与?知之弗若与?今吾无所开吾喙,敢问其方。"(《庄子·秋水》)

5.以善先人者谓之教,以善和人者谓之顺;以不善先人者谓之谄,以不善和人者谓之谀。是是非非谓之知,非是是非谓之愚。伤良曰谗,害良曰贼。是谓是,非谓非曰直。窃货曰盗,匿行曰诈,易言曰诞。趣舍无定谓之无常。保利弃义谓之至贼。多闻曰博,少闻曰浅。多见曰闲,少见曰陋。难进曰偍,易忘曰漏。少而理曰治,多而乱曰秏。(《荀子·修身》)

6.谈说之术:矜庄以莅之,端诚以处之,坚强以持之,譬称以喻之,分别以明之,欣驩芬芗以送之,宝之,珍之,贵之,神之。如是则说常无不受。虽不说人,人莫不贵。夫是之谓为能贵其所贵。传曰:"唯君子为能贵其所贵。"此之谓也。(《荀子·非相》)

五　使动用法、意动用法

学习要点：
1. 掌握使动用法、意动用法的概念和表现
2. 掌握使动用法、意动用法的区别。
3. 学会辨析和翻译使动用法、意动用法的方法。
4. 认真完成练习

　　使动用法、意动用法是古代汉语中常见而又特殊的表述方式。所谓特殊，是从主、谓、宾之间意义关系的角度分析的。例如：

　　①孟子朝王。(《孟子·公孙丑下》)
　　②武丁朝诸侯。(《孟子·公孙丑下》)

　　从表层上看，上面两个句子的结构是一样的，都是主语＋谓语（活用词）＋宾语，但意义关系却不同。"孟子朝王"中"朝"的动作是主语（孟子）发出的，意思是"孟子朝见王"，而"武丁朝诸侯"中"朝"的动作虽然居于谓语的位置，但却不是主语（武丁）而是宾语（诸侯）发出的。不过，宾语发出的动作并不是主动的，而是受到主语的影响后才发出的。这个"朝"同时具有说明主语和宾语的作用，因此句子的意思是"武丁使诸侯朝见"，而不是"武丁朝见

诸侯"。如果不能理解这种特殊的主、谓、宾的意义关系,就不能准确理解句子的意思。

(一)使动用法

从概念上说,使动用法就是"主语使宾语怎么样","使"是使动用法的根本标志,而"怎么样"则是由处于谓语位置的活用词表示的。动词、形容词、名词都有使动用法,下面我们分别介绍。

1. 动词的使动用法

动词使动用法表述的意思是:主语使宾语发出谓语动词表示的动作或出现谓语动词表示的变化。例如:

①远人不服,则修文德以来之。(《论语·季氏》)
②晋侯饮(yìn)赵盾酒。(《左传·宣公二年》)
③秦王复召王翦,强起之,使将击荆。(《史记·秦始皇本纪》)
④若弗与,则请除之,无生民心。(《左传·隐公元年》)
⑤项伯杀人,臣活之。(《史记·项羽本纪》)
⑥庄公寤生,惊姜氏,故名曰寤生,遂恶之。(《郑伯克段于鄢》)
⑦既而与为公介,倒戟以御公徒,而免之。(《晋灵公不君》)
⑧止子路宿,杀鸡为黍而食之,见其二子焉。(《子路从而后》)
⑨欲辟土地,朝秦楚,莅中国而抚四夷也。(《齐桓晋文之事》)
⑩养备而动时,则天不能病。(《天论》)

例句①的"来"意思是"使远方的人到来",例②的"饮"是"使赵盾饮酒",例③的"起"是"使王罴起身",例④的"生"是使"民产生",例⑤的"活"是"使项伯活",例⑥的"惊"是"姜氏受惊",例⑦的"免"是"使赵盾免于灾祸",例⑧的"食"是"使子路食""见"是"使二子见子路",例⑨的"朝"是"使秦楚来朝拜",例⑩的"病"是"使生病",都是主语使宾语发出的动作或出现的状态。这些谓语动词只有用使动用法来理解,才符合原文的意思。

2. 形容词的使动用法

形容词使动用法表述的意思是:主语使宾语出现该形容词表示的状况。例如:

①王者不却众庶,故能明其德。(李斯《谏逐客书》)

②易其田畴,薄其税敛,民可使富也。(《孟子·尽心上》)

③视其阴所憎,厚其货赂,得情可深。(《管子·禁藏》)

④诸侯恐惧,会盟而谋弱秦。(贾谊《过秦论》)

⑤将军忠贤,能安刘氏也。(《汉书·霍光传》)

⑥于是梁王虚上位,以故相为上将军,遣使者黄金千斤,车百乘,往聘孟尝君。(《冯谖客孟尝君》)

⑦夫如是,故远人不服,则修文德以来之;既来之,则安之。(《季氏将伐颛臾》)

⑧欲洁其身,而乱大伦。(《子路从而后》)

⑨强本而节用,则天不能贫。(《天论》)

⑩《诗》曰:"天作高山,大王荒之。彼作矣,文王康之。"此之谓也。(《天论》)

例①的"明"是"使其德明",例②的"薄"是"使税敛薄",例③的

"厚"是"使其货赂厚",例④的"弱"是"使秦弱",例⑤的"安"是"使刘氏安",例⑥的"虚"是"使上位虚",例⑦的"安"是"使之安",例⑧的"洁""乱"是"使其身洁""使大伦乱",例⑨的"贫"是"使人贫",例⑩的"康"是"使高山昌盛",从意义上看,这些形容词都是说明宾语"德""税敛""秦"等的。但在句中都处于宾语(被说明的对象)之前,若作谓语形容词理解,这些句子都不可理解。如例⑨:

原文:强 本　　而节 用,则 天 不能贫。
释词:加强农业生产并节约开支,那么上天不能贫穷。

"上天不能贫穷"是什么意思,讲不通。如果知道这些都是形容词的使动用法——主语使宾语出现这些状况,句子的意思是"上天不能使人贫穷",就十分清楚了。

3.名词的使动用法

名词使动用法表述的意思是:主语使宾语成为该名词表示的事物。例如:

①苟使意如得改事君,所谓生死而肉骨也。(《左传·昭公二十五年》)
②纵江东父兄怜而王我,我何面目见之?(《史记·项羽本纪》)
③楚王曰:"寡人欲相甘茂,可乎?"(《史记·樗里子甘茂列传》)
④大夫种、范蠡存亡越,霸勾践。(《史记·淮阴侯列传》)
⑤项王虽霸天下而臣诸侯(《韩信拜将》)
⑥筑室百堵,西南其户。(《诗经·小雅·斯干》)

⑦不介马而驰之。(《鞌之战》)
⑧修道而不贰,则天不能祸。(《天论》)
⑨赵王不听,遂将之。(《秦与赵兵相距长平》)
⑩木茎非能长也,所立者然也。(《劝学》)

例①的"肉"是"使白骨长肉",例②的"王"是"使我做王",例③的"相"是"使甘茂为相",例④的"霸"是"使勾践成为霸主",例⑤的"臣"是"使诸侯成为臣子",例⑥的"西南"是"使其户朝向西南",例⑦的"介"是"使马披上铠甲",例⑧的"祸"是"使人遇到灾祸",例⑨的"将"是"使任赵括大将",都是名词的使动用法,如果按照名词理解,都不成句,无法解释。例⑩的"然"是代词"这样",句中活用为使动用法,是"使木茎成为这样"。

(二)意动用法

从概念上说,意动用法就是"主语认为宾语怎么样",由于意动用法表述的都是主语对宾语的主观看法或感受,所以意动用法主要出现在形容词和名词上,动词没有意动用法。因为形容词、名词的词性和词义不同,表述的意思也不同,下面我们分别介绍。

1. 形容词的意动用法

形容词意动用法表述的意思是:主语认为宾语怎么样(活用的形容词)。例如:

①吾妻之美我者,私我也。(《邹忌讽齐王纳谏》)
②大天而思之,孰与物畜而制之!(《天论》)
③时(赵)充国年七十,上老之。(《汉书·赵充国传》)
④(韩)信数与萧何语,何奇之。(《史记·淮阴侯列传》)

⑤左右以君贱之也,食以草具。(《冯谖客孟尝君》)

⑥贤舜则去尧之明察,圣尧则去舜之德化,不可两得也。(《历山之农者侵畔》)

⑦吾细人也,犹将难死,而况公乎!(《景公置酒于泰山之上》)

⑧今吾闻庄子之言,茫焉异之。(《庄子·秋水》)

⑨是天地之变,阴阳之化,物之罕至者也。怪之可也;而畏之非也。(《天论》)

⑩先生不羞,乃有意欲为收责于薛乎?(《冯谖客孟尝君》)

例①的"美"、例②的"大"、例③的"老"、例④的"奇"、例⑤的"难"、例⑥的"羞"、例⑦的"贱"、例⑧的"异"、例⑨的"怪"、例⑩的"贤""圣"都是形容词的意动用法,意思是"认为我美(漂亮)""认为天伟大""认为赵充国年老""认为韩信奇特""认为冯谖低贱""认为舜贤明""认为尧圣明"。有的可以翻译为"觉得""感到"等。如例⑦⑧⑨⑩的意思是"觉得难""感到奇异""感到奇怪""感到羞耻"。这些形容词都处在谓语的位置上,后边都带宾语,并且这些形容词描述的都是宾语,如果不理解为意动用法,句子就无法理解。

2. 名词的意动用法

名词意动用法表述的意思是:主语把宾语当作什么(活用的名词)对待或主语认为是宾语的什么(活用名词)。例如:

①女专利而不厌,予取予求,不女疵瑕也。(《郑杀申侯以说于齐》)

②孟尝君客我。(《冯谖客孟尝君》)

③外黄富人女甚美,庸奴其夫。(《汉书·张耳陈馀传》)
④天下乖戾,无君君之心。(柳宗元《封建论》)
⑤邑人奇之,稍稍宾客其父。(王安石《伤仲永》)
⑥吾与子渔樵于江渚之上,侣鱼虾而友麋鹿。(《苏轼《前赤壁赋》)
⑦彼不臣天子者,是望不得而臣也。(《韩非子·外储说右上》)

例①的"疵瑕"、例②的"客"、例③的"庸奴"、例④的"君"(前一个)、例⑤的"宾客"、例⑥"侣""友"、例⑦的"臣"(第二个)都是名词的意动用法,意思是"认为它(专利而不厌)是你的毛病""把我当作宾客对待""把其夫庸奴当作使唤""把君主当作君主""把其父当作宾客""把他当作臣"等。

(三)如何辨析和翻译使动用法、意动用法

要辨析和翻译使动用法、意动用法,知识上的准备是明概念、知区别。明概念,就是要把使动用法、意动用法表述的意义记得很清楚;知区别,就是要知道使动用法表述的是客观上发生(或可能发生)的情况,意动用法表述的是主观的看法。明概念是最重要的。虽然活用为使动用法、意动用法的词表述的意义都是在一定的语言环境中临时出现的,同一个词在不同的句子中可能出现不同的意思,但基本的特点不变。因此我们可以根据使动用法、意动用法在句中的基本特点,把它们归纳为以下格式:

使动用法:主语+(使)+宾语+活用词
形容词意动用法:主语+(认为)+宾语+活用词
名词意动用法:主语+(把)+宾语+当作+活用词

这个格式可以作为我们辨析使动用法、意动用法的基本标准，也可以作为翻译使动用法、意动用法的基本方法。

1. 辨析

看某个词是不是使动用法或意动用法，仍然要从该词在句中表述的意义来分析。

辨析的前提是发现辨析对象，即哪个词可能是活用；只有发现辨析对象，才有可能进行分析。因此，辨析词类活用的第一步仍是对应释词。例如：

1. 小

①原文：工师得大木，匠人斫而小之。（《孟子·梁惠王下》）

释词：工师得到大木料，匠人斧子砍而小木料。

②原文：管仲，世所谓贤臣，然孔子小之。（《史记·管晏列传》）

释词：管仲，世人所说贤臣，但是孔子小管仲。

2. 美

①原文：(对达士)洁其居，美其服。（《国语·越语上》）

释词：(对达士)清洁他们的住处，漂亮他们的衣服。

②原文：(民)甘其食，美其服。（《老子》第八十章）

释词：(民)甘甜他们的食物，漂亮他们的衣服。

③原文：人恶为美德乎？（《荀子·尧问》）

释词：人怎样培养美好品德呢？

3. 友

①原文：毋友不如己者。（《论语·学而篇》）

释词：不要朋友不如自己的人。

②原文：(曾子)天子不得臣，诸侯不得友。（《庄子·让王》）

释词：(曾子)天子不能臣，诸侯不能朋友。

③原文:侣鱼虾而友麋鹿。(苏轼《前赤壁赋》)

释词:伴侣鱼虾而朋友麋鹿。

④原文:君子以文会友,以友辅仁。(《论语·颜渊》)

释词:君子用文章聚会朋友,用朋友辅助仁德。

  对应释词的目的是发现哪个词可能是活用。上述三组句子释词后,除了"美"组的例③、"友"组的例④字面上没有理解上的困难,其余各句都有难以理解的地方,这些地方就是疑点。找到了疑点,就完成了辨析的第一步。

  第二步是分析这些疑点,看是不是词类活用,是哪种活用。分析之前首先要知道该词的词性,然后套用这个词可能出现的各种活用的格式,套用的方法是:在难解词的位置上用"使"或"认为",把替换下来的词放在宾语后边。

1. 小(形容词)

①原文:匠人斫而小之。

释词:匠人斧子砍而小木料。

使动:匠人斧子砍而(使)木料(小)。

意动:匠人斧子砍而(认为)木料(小)。

②原文:孔子小之。

释词:孔子小他。

使动:孔子(使)管仲(小)。

意动:孔子(认为)管仲(小)。

2. 美(形容词)

①原文:(对达士)洁其居,美其服。

释词:(对达士)清洁他们的住处,漂亮他们的衣服。

使动:(对达士)(使)他们的住处(清洁),(使)他们的衣服(漂亮)。

意动:(对达士)(认为)他们的住处(清洁),(认为)他们的衣服(漂亮)。

②原文:(民)甘其食,美其服。

释词:(民)甘甜他们的食物,漂亮他们的衣服。

使动:(民)(使)他们的食物(甘甜),(使)他们的衣服(漂亮)。

意动:(民)(认为)他们的食物(甘甜),(认为)他们的衣服(漂亮)。

3.友(名词)

①原文:天子不得臣,诸侯不得友。

释词:天子不能臣,诸侯不能朋友。

使动:天子不能(使)(他)成为臣,诸侯不能(使)(他)(成为)朋友。

意动:天子不能(把)(他)作为臣,诸侯不能(把)(他)(作为)朋友。

②原文:侣鱼虾而友麋鹿。

释词:伴侣鱼虾而朋友麋鹿。

使动:(使)鱼虾(成为)伴侣,(使)麋鹿(成为)朋友。

意动:(把)鱼虾(作为)伴侣,(把)麋鹿(作为)朋友。

③原文:毋友不如己者。

释词:不要朋友不如自己的人。

使动:不要(使)不如自己的人(成为)朋友。

意动:不要(把)不如自己的人(作为)朋友。

动词:不要(和)不如自己的人交朋友。

套用格式之后,我们就可以进行分析。

"匠人斫而小之"后,木料客观上变小了,是使动用法;"孔子小之"只是孔子对管仲的看法,是意动用法。

第一个"美其服",是君王对达士的做法——使他们穿上漂亮的衣服,是使动用法;第二个是百姓对所穿衣服的看法,是意动用法。

"诸侯不得友"如果理解成意动用法——诸侯不能(把)(他)(作为)朋友,在义理上讲不通。因为这是诸侯的主观愿望,说不上能与不能;理解成活用为一般动词——诸侯不能(交朋友)也讲不通,因此是使动用法——(使)(他)(成为)朋友。

"侣鱼虾而友麋鹿"如果理解成使动用法——(使)鱼虾(成为)伴侣,(使)麋鹿(成为)朋友,在义理上讲不通,因此是意动用法。

"毋友不如己者"作为使动、意动和活用为一般动词似乎都可以,这就要通过上下文来全面理解:全文是"子曰:'君子不重则不威,学则不固,主忠信,毋友不如己者,过则勿惮改。'"理解成使动用法,带有防范他人的意味;作为意动用法,只是主观看法,而孔子在这里是说君子的行为,因此这里的"友"是活用为一般动词——交朋友。

在辨析使动用法、意动用法时要注意宾语省略的情况。例如:

> 强本而节用,则天不能贫;养备而动时,则天不能病;修道而不贰,则天不能祸。故水旱不能使之饥,寒暑不能使之疾,祅怪不能使之凶。(《天论》)

这句话中的"强""贫""病""祸"都是使动用法,但"贫""病""祸"后边省略了宾语。如果不注意,就难以发现。不过,只要坚持用格式来分析,至少会发现句子在义理上讲不通,这样就可以引起进一步的思考。只要进一步——循着使动用法、意动用法的思路思考,就不难发现它们的特殊的用法。例如:"瑜部将黄盖曰:'操军方连船舰,首尾相接,可烧而走也。'"(《资治通鉴》卷六五)。

这句话是周瑜部将黄盖说的,但"可烧而走"费解,因此我们可以作如下分析:

原文:(我们)可烧而走。
释词:(我们)可以用火烧而败逃。
使动:(我们)可以用火烧而使(操军)败逃。

只要我们分析出"走"是使动用法,这句话的意思就很清楚了。

2. 使动用法、意动用法的翻译

使动用法、意动用法的翻译可以分为两个层次。第一个层次是准确地表达出原文的意思,第二个层次是读起来要朗朗上口,符合现代汉语的表达习惯。如"使他们的住处清洁,使他们的衣服漂亮(洁其居,美其服)",从一般解答试题的角度说,这样翻译也可以得分,但有时有的句子读起来有点别扭。因此,就需要进一步润色。按照现代汉语的表达习惯,"洁其居,美其服"可以翻译为"让他们住干净的房子,穿漂亮的衣服"。

学习使动用法、意动用法的翻译首先要做到第一层次的要求。用上面所说的辨析格式来翻译,基本上可以达到这个要求,因此这里主要谈谈调整润色的问题。

调整润色主要是选择或增加词语。在使动用法中,形容词和表示状态的动词可以用述补式或偏正式的词语翻译,名词一般要增加适当的动词。例如:

①原文:晋侯饮赵盾酒。(《晋灵公不君》)
翻译一:晋侯使赵盾喝酒。
翻译二:晋侯请赵盾喝酒。

②原文：项伯杀人，臣活之。《史记·项羽本纪》

翻译一：项伯杀了人，我使他活命。

翻译二：项伯杀了人，我救了他。

③原文：诸侯恐惧，会盟而谋弱秦。（贾谊《过秦论》）

翻译一：诸侯恐惧，集会订盟而谋划使秦国减弱。

翻译二：诸侯恐惧，集会订盟来谋划削弱秦国。

④原文：所谓生死而肉骨也。（《左传·昭公二十五年》）

翻译一：所说的使死者生，使白骨长肉。

翻译二：所说的使死者复生，使白骨长肉。

例①将"使"改为"请"；例②③用"救了""削弱"（述补式）来翻译。例④的"生"用"复生"（偏正式）来翻译；名词"肉"前增加了动词"长"。

在意动用法中，形容词主要是选择适当的表示主观意念的动词，名词仍然是增加适当的动词。例如：

①原文：充国年七十，上　老之。（《汉书·赵充国传》）

翻译一：充国年七十，皇上认为他老了。

②原文：渔人甚异之。（陶渊明《桃花源记》）

翻译一：渔人认为桃花林特别奇特。

翻译二：渔人觉得桃花林特别奇特。

③原文：徐庶见先主，先主器之。（《三国志·蜀书·诸葛亮传》）

翻译一：徐庶见先主，先主把他当作有才能的人。

翻译二：徐庶见先主，先主认为他有才能。

④原文：孟尝君客我。（《冯谖客孟尝君》）

翻译一：孟尝君把我当作宾客。

翻译二：孟尝君把我当作宾客对待。

例①"上老之"只用格式套译就很通顺；例②"甚异之"用"觉得"或"感到"比"认为"好；例③"器之"翻译成"把他当作有才能的人"不通顺，可以译为"认为他有才能"；例④要增加"对待"。

练习五

一、指出下列句子中的词类活用并说明其意义：

1. 秦青弗止，饯于郊衢，抚节悲歌，声振林木，响遏行云。(《薛谭学讴》)

2. 食之，舍其半。(《晋灵公不君》)

3. 人不难以死免其君，我戮之，不祥。赦之，以劝事君者。(《鞌之战》)

4. 能谤讥于市朝，闻寡人之耳者，受下赏。(《邹忌讽齐王纳谏》)

5. 孟尝君曰："食之，比门下之客。"(《冯谖客孟尝君》)

6. 孟尝君怪其疾也，衣冠而见之。(《冯谖客孟尝君》)

7. 今君有一窟，未得高枕而卧也，请为君复凿二窟。(《冯谖客孟尝君》)

8. 抑王兴甲兵，危士臣，构怨于诸侯，然后快于心与？(《齐桓晋文之事》)

9. 以一服八，何以异于邹敌楚哉？(《齐桓晋文之事》)

10. 风至苕折，卵破子死。巢非不完也，所系者然也。(《劝学》)

二、指出下列句子中的词类活用并说明判断的依据：

1. 君人者，隆礼尊贤而王，重法爱民而霸，好利多诈而危，权谋倾覆幽险而尽亡矣。(《天论》)

2. 胡不见我于王？(《公输》)

3. 然则仲尼之圣尧奈何？(《历山之农者侵畔》)

4. 文侯喜曰："可反欤？"(《魏文侯燕饮》)

5. 上顺乎主心以显贤者，其唯翟黄乎？(《魏文侯燕饮》)

6.坐潭上,四面竹树环合,寂寥无人,凄神寒骨,悄怆幽遂。(柳宗元《小石潭记》)

7.巫医乐师百工之人,不耻相师。(韩愈《师说》)

8.日思高其位,大其禄。(柳宗元《蝜蝂传》)

9.今虽死乎此,比吾乡邻之死则已后矣,又安敢毒也。(柳宗元《捕蛇者说》)

10.故扁鹊不能肉白骨,微、箕不能存亡国也。(桓宽《盐铁论·非鞅》)

三、指出下列句子中的词类活用并译成现代汉语:

1.子反为人嗜酒,甘之,不能绝之于口。(《竖谷阳献酒》)

2.越国以鄙远,君知其难也,焉用亡郑以陪邻?(《烛之武退秦师》)

3.晋侯饮赵盾酒,伏甲将攻之。(《晋灵公不君》)

4.孟尝君怪之,曰:"此谁也?"(《冯谖客孟尝君》)

5.龙少学先王之道,长而明仁义之行;合同异,离坚白;然不然,可不可;困百家之知,穷众口之辩;吾自以为至达已。(《坎井之蛙》)

6.因物而多之,孰与骋能而化之!(《天论》)

7.思物而物之,孰与理物而勿失之也!(《天论》)

8.秦数败赵军,赵军固壁不战。(《秦与赵兵相距长平》)

9.以如司农治事堂,栖之梁木上。(《段太尉逸事状》)

10.踔厉风发,率常屈其座人。(《柳子厚墓志铭》)

四、指出下列文章中的词类活用并说明其意义:

1.《彖》曰:"家人,女正位乎内,男正位乎外。男女正,天地之大义也。家人有严君焉,父母之谓也。父父,子子,兄兄,弟弟,夫夫,妇妇,而家道正。正家,而天下定矣。"(《周易·家人》)

2.子曰:"巧言、令色、足恭,左丘明耻之,丘亦耻之;匿怨而友

其人,左丘明耻之,丘亦耻之。"(《论语·公冶长》)

3. 士君子之所能不能为:君子能为可贵,而不能使人必贵己;能为可信,而不能使人必信己;能为可用,而不能使人必用己。故君子耻不修,不耻见汙;耻不信,不耻不见信;耻不能,不耻不见用。是以不诱于誉,不恐于诽,率道而行,端然正己,不为物倾侧:夫是之谓诚君子。(《荀子·非十二子》)

4. 张仪,魏氏余子也,将西游于秦,过东周。客有语之于昭文君者曰:"魏氏人张仪,材士也,将西游于秦,愿君之礼貌之也。"昭文君见而谓之曰:"闻客之秦。寡人之国小,不足以留客。虽游然岂必遇哉？客或不遇,请为寡人而一归也,国虽小,请与客共之。"张仪还走,北面再拜。张仪行,昭文君送而资之,至于秦,留有间,惠王说而相之。张仪所德于天下者,无若昭文君。周,千乘也,重过万乘也,令秦惠王师之,逢泽之会,魏王尝为御,韩王为右,名号至今不忘,此张仪之力也。(《吕氏春秋·报更》)

5. 良尝闲从容步游下邳圯上,有一老父,衣褐,至良所,直堕其履圯下,顾谓良曰:"孺子,下取履！"良鄂然,欲殴之。为其老,强忍,下取履。父曰:"履我！"良业为取履,因长跪履之。父以足受,笑而去。良殊大惊,随目之。父去里所,复还,曰:"孺子可教矣。后五日平明,与我会此。"良因怪之,跪曰:"诺。"五日平明,良往。父已先在,怒曰:"与老人期,后,何也?"去,曰:"后五日早会。"五日鸡鸣,良往。父又先在,复怒曰:"后,何也?"去,曰:"后五日复早来。"五日,良夜未半往。有顷,父亦来,喜曰:"当如是。"出一编书,曰:"读此则为王者师矣。后十年兴。十三年孺子见我济北,谷城山下黄石即我矣。"遂去,无他言,不复见。旦日视其书,乃太公兵法也。(《史记·留侯世家》)

六　词汇的特殊性和复杂性

学习要点：
1. 了解古代汉语词汇形式的突出特点
2. 了解词义变化的主要表现
3. 了解词汇形义关系复杂性及其表现
4. 认真完成练习

阅读古文，最常见、最突出的阅读障碍是词汇问题。基本解决了常见的语法问题之后。要真正提高阅读古文的能力，就要掌握相当数量的古代汉语"单词"，而掌握"单词"的根本方法是"背"。但在今天的环境中，在没有外力推动的情况下，如果没有自觉性，这样的要求是很难做到的。脑子里没有"单词"储备，阅读时遇到不理解的词怎么办？只能靠查工具书来解决。但是，在阅读时还会遇到一些词，似乎理解，如"故推恩足以保四海，不推恩无以保妻子"(《齐桓晋文之事》)，这里似乎没有什么不理解的词，有人把这句话翻译为"所以推广恩惠就能够保住天下，不推广恩惠就不能保住妻子"，这样翻译似乎没什么问题，但却不对。因为"保"在句中的意思是"安定"，"妻子"的意思是"妻子儿女"。"保""妻子"，字形和现代汉语一样，但意思不同，如果不了解古代汉语词汇的这个特点,就会经常出现这种错误。我们学习古代汉语词汇知识,就是要了解古代汉语词汇的特点,以便培养和提高利用工具书来解决阅读古文时遇到的词汇问题的能力。

了解古代汉语词汇的特点,首先要树立鲜明的"古今不同"的观念。这里需要说明两点。

第一,所谓古今是个相对的概念,时代在前的为"古",时代在后的为"今"。掌握古代汉语的词义,要注意时代特点,否则也会发生错误。例如"羹"。《郑伯克段于鄢》:"小人有母,皆尝小人之食矣。未尝君之羹,请以遗之。"《史记·项羽本纪》:"吾翁即若翁,必欲烹而翁,则幸分我一杯羹。"唐代王建《新嫁诗》:"三日入厨下,洗手作羹汤。"王建诗中的"羹"是汤的意思,而《左传》《史记》中"羹"的意思却不是"汤",而是"肉"或"带汁的肉"。项羽用烹刘邦父亲来威胁刘邦,但刘邦不为所动,却说:"我的父亲就是你的父亲,你要烹你的父亲,那么希望分给我一杯肉。"如果因为"羹"在唐代有"汤"的意思,把"未尝君之羹""幸分我一杯羹"理解为"汤"的意思,这是不对的。

其次说"不同"。这里说的"不同",并不是古代汉语词汇与现代汉语完全不同。一些基本词汇,如"天""地""日""月""山""风""雨""雪""东""西""南""北""人""大""小""马""牛""鱼""犬"等,词形和基本意义古今没有变化,但总的来说,古代汉语词汇的形式和意义都发生了很大的变化。牢牢地树立"不同"这个观念,在学习时可以引起对词汇学习的重视;在阅读古文时,可以提高警觉,防止想当然地去理解词在句中的意思。

学习外语,不能不背单词。学习古代汉语也应如此。但今天学习古代汉语的很少有人像学习外语那样背古代汉语的词汇。现在能够背数千甚至上万个外语单词的人很多,但能掌握数千个文言词的人却很少,很多人潜意识中总觉得没有这个必要。其实古代汉语和现代汉语有很大的不同,甚至可以说是两种不同的语言系统。不仅是古今的不同,更是书面语系统和白话语系统的不同。仅就词义方面的古今不同而言,一个词可以在书写形式上和现代汉语完全一样,但内涵完全不同。如《孟子·公孙丑上》有一句话"孟子去齐",这四个字看似很简单,但如果不知道"去"的意思是"离开",就会把"孟子离开齐国"理解为"前往齐国",出现南辕北辙的错误。再如:

> 臣本布衣,躬耕于南阳,苟全性命于乱世,不求闻达于诸侯。先帝不以臣卑鄙,猥自枉屈,三顾臣于草庐之中,咨臣以当世之事,由是感激,遂许先帝以驱驰。(诸葛亮《出师表》)

如果把"卑鄙"理解为品行恶劣,就会以为诸葛亮原来是个卑鄙小人呢。实际上,这里的"卑鄙"是两个词,"卑"指地位低下,"鄙"指见识浅陋。这是诸葛亮的自谦之词。按照现代汉语中的意思去理解,再自谦,也不会说自己"卑鄙"吧。又如:

> 亲贤臣,远小人,此先汉所以兴隆也;亲小人,远贤臣,此后汉所以倾颓也。先帝在时,每与臣论此事,未尝不叹息痛恨于桓、灵也!(诸葛亮《出师表》)

文中的"痛恨"是什么意思?今天的意思是对某人或某事物厌恶、愤恨、仇恨等,刘备是汉室宗亲,如果是这个意思,则为不孝,实际上,这里的"痛恨"是两个词,"痛心""遗憾",这样才符合刘备的身份,且人的情感跃然纸上。

记住"卑鄙"和"痛恨"的例子,可以使我们树立起鲜明的"古今不同"的观念,从而避免阅读古文中经常出现的以今义误解古义的错误。

和现代汉语比较,古代汉语词汇形义的特殊性和复杂性主要表现在单音节词占优势、意思不同和一形多词、一词多形等方面。

（一）音节不同——古代汉语单音节词占优势

"单音节词占优势"是古代汉语词汇最突出的特点。将口语与书面语分别开来，建立并使用比较稳定的书面语系统是古人高明的创造。口语中词汇变化是很快的，今人读 50 年前的文章会遇到很多不懂的词汇；而书面语词汇则相对稳定，掌握了古代汉语词汇之后，阅读千年以前的文章也没有大的困难。古代汉语音节词作为词汇主体，不仅稳定，而且文章使用的字少，同时信息量大。即使按照现代经济学的观点来衡量，古代汉语也高出一等。更何况古文的艺术性还有很多讲究，比如韵律的变化，运用单音节词更有利于按照韵律的要求来遣词造句。传诵至今的王安石《读孟尝君传》仅有 88 个字，读来抑扬顿挫，回肠荡气：

> 世皆称孟尝君能得士，士以故归之。而卒赖其力，以脱于虎豹之秦。嗟乎！孟尝君特鸡鸣狗盗之雄耳，岂足以言得士？不然，擅齐之强，得一士焉，宜可以南面而制秦，尚何取鸡鸣狗盗之力哉！鸡鸣狗盗之出其门，此士之所以不至也。

这段话翻译成现代汉语就是：

> 世人都称道孟尝君能够招揽士人，士因为这个缘故归附他，而孟尝君终于依靠他们的力量，从像虎豹一样凶狠的秦国逃脱出来。唉！孟尝君只不过是一群鸡鸣狗盗的首领罢了，哪里能够说得上得到了贤士？不是这样的话，孟尝君拥有齐国强大的国力，只要得到一个"士"，（齐国）应当可以依靠国力成为天下霸主而制服秦国，还用得着鸡鸣狗盗之徒的力量吗？鸡鸣狗盗之徒在他的门庭中，这就是贤士不归附他的原因。

原文88字,翻译后字数多了一倍,且雄辩的气势荡然无存。再如遣词造句的变化,单音节词中有很多同义、近义词,因此为遣词造句提供了很大的方便。如例如李斯《谏逐客书》:

> 昔穆公求士,西取由余于戎,东得百里奚于宛,迎蹇叔于宋,求邳豹,公孙支于晋。此五子者,不产于秦,而穆公用之,并国二十,遂霸西戎。孝公用商鞅之法,移风易俗,民以殷盛,国以富强,百姓乐用,诸侯亲服。获楚、魏之师,举地千里,至今治强。惠王用张仪之计,拔三川之地,西并巴蜀,北收上郡,南取汉中。包九夷,制鄢、郢,东据成皋之险,割膏腴之壤,遂散六国之从,使之西面事秦,功施到今。

这段文章中的"取""得""迎""求""拔""并""收""取"等都是用近义词,气势也极具变化,如果翻译成现代汉语的复音词,艺术性就大为逊色了。

对阅读古文来说,牢牢记住古代汉语单音节词占优势的特点,目的是为了避免对文章出现的貌似现代汉语复音词的误解——一些词在现代汉语中是一个词,在古代汉语中却是两个词。例如:

①民可以乐成,不可与虑始。(《西门豹治邺》)
②滕君,则诚贤君也。虽然,未闻道也。(《许行》)
③东方未明,颠倒衣裳。(《诗经·东方未明》)
④地方百里而可以王。(《孟子·梁惠王上》)
⑤先帝在时,每与臣论此事,未尝不叹息痛恨於桓、灵也。(诸葛亮《出师表》)
⑥(吴普)年九十余,耳目聪明,齿牙完坚。(《华佗传》)
⑦两家子弟材智下,不能通知二父志。(韩愈《张中丞传后叙》)
⑧(张)巡就戮时,颜色不乱,阳阳如平常。(韩愈《张中

丞传后叙》)

上述例句中,例①的"可以"是能愿动词"可"与表对象的介词"以"(和第二分句的"与"相同),句子的意思是"老百姓可以与他们一起为成功而快乐,不能和他们一起考虑事业的创始"。例②的"虽"相当于现代的"虽然","然"是指示代词"这样",句子意思是"滕君倒确实是贤明的君主,即使如此,也没有听说过道"。例③的"衣"指"上衣","裳"指"下衣",即裙子。诗句的意思是"东方的天光还没有发亮,就急急忙忙起身,在黑暗中把上衣下衣穿颠倒了"。例④的"地"是"地域","方"是"方圆",句子的意思是"有纵横各一百里土地〔的小国,行仁政〕就可以统治天下"。例⑤的"痛"指"痛心","恨"指"遗憾",句子的意思是"先帝在世时,每次和我谈论这些事,没有一次不对桓帝、灵帝感到痛心和遗憾"。例⑥"聪"指"耳聪",即"听力好","明"指"眼力好",句子的意思是"吴普九十多岁了,耳不聋,眼不花,牙齿齐整牢固"。例⑦"通"指"透彻","知"是"了解",句子的意思是"(许远、张巡)两家的孩子才能智力低下,不能透彻地了解他们父亲的志向"。例⑧的"颜"指"脸","色"相当于今天的"颜色",句子的意思是"张巡接受杀戮的时候,脸色不变,满不在乎的样子就像平常没事儿一样"。这些词组都不能按照现代汉语的复音词去理解。

　　一定要有深刻的"古代汉语词汇是单音节占多数"的观念,在遇到与现代汉语一样的复音词时,先要分开来理解,否则就很容易误解。

　　这里所说"单音节占多数",当然不是说古代汉语没有复音词。古代汉语也有复音词。了解复音词的特点,也有利于辨析词义。

　　古代汉语复音词从意义上说有两种类型——单纯复音词和合成复音词,分别简称单纯词、合成词。例如:

①**关关**雎鸠,在河之洲。(《诗经·国风·关雎》。关关:雎鸠啼叫的声音。洲:水中的陆地。)

②一之日**觱发**,二之日**栗烈**。(《诗经·豳风·七月》。觱发[bìbō]:寒风撼物的声音。栗烈:寒冷的样子。)

③凌阳侯之**泛滥**兮,忽翱翔之焉薄。(屈原《哀郢》。凌:乘,驾。阳侯:波神,句中指代水波。泛滥:波涛汹涌。忽:快。薄:止。焉:哪里,"薄"的前置宾语。)

④有美一人,伤如之何!寤寐无为,涕泗**滂沱**。(《诗经·陈风·泽陂》)

⑤**摄提**贞于孟陬兮,惟庚寅吾以降。(屈原《离骚》。摄提正当寅年,我于庚寅日降生。)

⑥子路从而后,遇**丈人**,以杖荷蓧。子路问曰:"子见夫子乎?"(《子路从而后》)——子路跟着孔子出游的时候落在后边,遇见一位老人,用手杖挑着蓧。子路问老人,说:"您看见我的老师了吗?"

⑦沛公奉卮酒为寿,约为**婚姻**。(《鸿门宴》)——沛公捧着一卮酒为项伯祝福,相约为儿女亲家。

⑧昔三后之**纯粹**兮,固众芳之所在。(屈原《离骚》。三后:指夏禹、商汤、周文王。纯粹:句中指品德高尚。固:本来。众芳:指贤臣。)

⑨(先帝)三顾臣于草庐之中,咨臣以当世之事,由是感激,遂许先帝以**驱驰**。(诸葛亮《出师表》)——先帝多次到草庐之中来看我,问我对当世之事的看法,我因此感动奋发,就同意为先帝统一大业奔走效力。

⑩帝高阳之苗裔兮,朕**皇考**曰伯庸。(屈原《离骚》。皇考:指死去的父亲。伯庸:屈原父亲的字。)

⑪朝**发轫**于苍梧兮,夕余至乎县圃。(屈原《离骚》。苍

梧:舜所葬之地。县圃:相传为神仙所居之地,在昆仑山之上。)

上述例句中,例①至例⑥中的黑体字都是单纯复音词,代表了单纯复音词的几种形式。例①"关关"是叠音词,例②"髡发""粟烈"是双声单纯词,例③"泛滥"是叠韵单纯词,例④"滂沱"是既非双声又非叠韵的单纯词,例⑤"摄提"是译音单纯词,例⑥"丈人"是合成单纯词,虽然这些词中有的分开讲各有意义,但与合起来的意义不同。例⑦至例⑪中的黑体字代表了合成复音词的几种类型。例⑦至例⑪是联合式合成词,其中例⑦"婚姻"、例⑧"纯粹"、例⑨"驱驰"由两个同义词联合而成。例⑩"皇考"是偏正式合成词,"皇"有"大"的意思,修饰"考"("考"指父亲,父死曰"考"),合起来指"父亲"。例⑪"发轫"是动宾式合成词。"发"是"开启","轫"是"车闸",合起来意思是"出发"。后以此喻事物的开端。

单纯复音词的一个共同特点是都不能拆开讲。因此要防止把它们拆开解释,尤其是遇到既非双声、又非叠韵的单纯词的时候。合成复音词拆开讲与合在一起讲事理上并无大的差异,只是会让人感到有些重复,因此,遇到这种情况,不如先作为一个单音词来理解。

(二)词义不同——特别要注意形同义异的词

汉字不仅是古代汉语的载体,也是现代汉语的载体。古今汉字的字形没有多少本质的变化,但很多词的涵义却发生了很大变化。古今汉语词义的变化主要表现在以下方面:

1. 词义范围的变化

词义范围的变化主要表现为词义的扩大、词义的缩小和词义的转移。

(1)词义的扩大。词义的扩大是指词义涵盖的范围由小变大了。如：

①将军战河北,臣战河南。(《鸿门宴》)
②虽疏食菜羹,必祭。(《论语·乡党》)
③大匠不为拙工改废绳墨。(《孟子·尽心上》)
④空谷传响,哀转久绝。(《水经注·江水》)
⑤孝公既见卫鞅,语事良久,孝公时时睡,弗听。(《史记·商君列传》)

例①的"河"本指黄河,后来泛指"河流"。例②的"菜"指"植物性的蔬菜",后来包括肉类、蛋类都可以称作菜。例③的"匠"本指"木匠",后来泛指"各种有技术的工人"。例④的"响"本指"回声",后来泛指"各种声响"。例⑤"睡"指"坐着打瞌睡"。《说文·目部》:"坐寐也。"后来指"一切形式的睡眠"。

(2)词义的缩小。词义的缩小是指词义涵盖的范围由大变小了。如：

①同心之言,其臭如兰。(《周易·系辞》)
②郑伯始朝楚,楚子赐之金,既而悔之,与之盟,曰:"无以铸兵。"故以铸三钟。(《左传·僖公十八年》)
③遇丈人,以杖荷蓧。(《论语·微子》)
④坏宫室以为污池,民无所安息。(《孟子·滕文公下》)
⑤吾有一术,名曰五禽之戏:一曰虎,二曰鹿,三曰熊,四曰猿,五曰鸟。(《三国志·魏书·华佗传》)

例①的"臭"泛指"气味",后来专指"污秽的味道"。例②的"金"原指"金属",句中指"铜",后来仅指"黄金"。例③的"丈人"原是"对一般年长的男人的尊称",现在仅称"妻子的父亲"。例④的"宫"泛指"房屋",后来专指"帝王居住的房屋"。例⑤的"禽"泛指"猎获的对象,包括飞禽和走兽",后来主要指"飞禽"。

(3)词义的转移。不论是词义的扩大还是缩小,变化后的词义都和原来的词义有类属的关系。词义的转移是指词义所指的对象与原词义没有类属的关系,而是由甲变成了乙。例如:

①大叔完聚,缮甲兵,具卒乘,将袭郑。(《郑伯克段于鄢》)

②孟子去齐,充虞路问曰。(《孟子·公孙丑下》)

③冬日则饮汤,夏日则饮水。(《孟子·告子上》)

④兵刃既接,弃甲曳兵而走。(《孟子·梁惠王上》)

⑤今当远离,临表涕零,不知所云。(诸葛亮《出师表》)

例①的"兵"本指"兵器",后来指"使用兵器的人——士兵"。例②的"去"本指"离开",后来指"前往"。例③"汤"本指"热水",后来指"汁水特别多的一种副食品"。例④的"走",本指"跑,逃跑",后来指"一步步地走"。例⑤"涕"本指"眼泪",后来指"鼻涕"。

2. 词义感情色彩的变化

词义感情色彩的变化是指词义轻重程度或褒贬色彩的变化。例如:

①厉王虐,国人谤王。(《召公谏弭谤》)

②朽木不可雕也,粪土之墙不可圬也,于予与何诛?(《论语·公冶长》)

③抑王兴甲兵,危士臣,构怨于诸侯,然后快于心与?(《孟子·梁惠王上》)

④韩取聂政尸暴于市,悬购之千金。(《战国策·韩策》)

⑤夫虽无四方之忧,然谋臣与爪牙之士,不可不养而择也。(《国语·越语上》)

⑥刑法深刻,它政被乱。(《汉书·食货志》)

例①的"谤"指"议论批评",后来指"毁谤"。例②的"诛"指"责备",后来指"杀戮"。词义程度加重了。例③的"怨"指"仇恨",后来指"埋怨"。例④的"购"指"悬赏征求,重金收买"。后来指"一般的买",词义程度减轻了。这些都是词义程度发生的变化。例⑤的"爪牙"本指"得力的武臣、卫士",是一个褒义词。后指"帮凶一类的人"。词义色彩由褒义变成了贬义。例⑥的"深刻"本是贬义词,指"严刻,不宽缓"。现在变成了褒义词。

(三)字词难分——形义关系复杂

文字是记录语言的符号,是词的书面表现形式。由于古代汉语单音节词占多数,一个汉字往往就是一个词,因此古代汉语的字与词很难划分,形义关系也比较复杂。这突出表现在一形多词与一词多形的现象上。

1.一形多词

一形多词就是一个文字符号同时代表了几个词。例如:

①齐使以为奇,窃载与之齐。(《孙膑》)

②北方有侮臣,愿借子杀之。(《公输》)

③民不足而可治者,自古及今,未之尝闻。(《论积贮疏》)

④之二虫又何知!(《庄子·逍遥游》)

⑤今日之事何如?(《鸿门宴》)

上列句子中的"之"代表了三个词:例①是动词,意思是"到……去"。例②、③、④是代词:例②指代人;例③指代事;例④起指示作用,意思是"这"。例⑤是连词,连接定语与中心语。

又如:

①美言不信,信言不美。(《老子》)

②今有无名之指屈而不信,非疾痛害事也。(《孟子·告子上》)

上列句子中的"信"代表两个词。例①指"言语真实"。例②通"伸"。

造成一形多词的重要原因之一是文字的假借。所谓假借,就是许慎说的"本无其字,依声托事"。——本来没有那个字,借用同音字的声音字表示事物。这个被借用的字实际上已经变成了记音符号,字义与被借用的汉字毫无关系。假借字在秦汉典籍中是较多的,而且时代越早就越多。因为汉字是表意体系的文字,不是记录语音的符号。先秦时代文字数量少,不能适应记录语言的需要,这就迫使人们打破文字形体的局限,而把某些文字临时当作记录语音的符号使用。

假借有两种情况。一种是许慎说的"本无其字"的借用,称为"假借字";一种是本有其字的借用,称为"通假字"。本无其字的借用好理解,本有其字为什么还要借用呢?本书在前文中已有交代,这主要和当时的社会情况尤其是书籍传播的途径有关。秦汉时代书籍的传播主要靠口耳相授,当听者记录时,虽然已经有了当用的字,但由于种种原因写了别字,此后辗转相抄,乃至约定俗成。

要具体辨析某字是假借字还是通假字比较困难。对阅读古文来说,只要知道是借用,并知道借用的确切意义就可以了,不必深究。

辨别句中出现的假借字或通假字的方法主要有两条:一是考察词义与字形、与字的本义的关系,二是审音。如果字形与字义没有关系,只是读音相同或相近,就有可能是假借字。例如"脩":

①自行束脩以上,吾未尝无诲焉。(《论语·述而》)
②邹忌脩八尺有余。(《邹忌讽齐王纳谏》)

例①的"脩"本指肉干。例②的"脩"指身高。分析字形,"脩"的形符是"月",即"肉",可见"肉干"是其本义,借用来表示身高的意义——"修"。

又如"错":

①错刀以黄金错其文。(《汉书·王莽传》)
②他山之石,可以为错。(《诗经·小雅·鹤鸣》)
③小人错其在己者,而慕其在天者是以日退也。(《天论》)

例①的"错"指在刀上镶嵌花纹。例②中"错"的意思是磨石。例③中"错"的意思是放弃。分析"错"的字形,形符是"金",所以例①的"错"用的是其本义。例②、例③的意思与"错"的字形毫无关系,所以它们是通假字。例②通"厝",磨刀石。例③通"措",放弃。

对假借字,工具书一般都有说明,因此对阅读古文的需要来说,主要是了解这种现象,从而提高利用工具书和理解注释的能力。

2.一词多形

一词多形是指几个不同的字都可以表示同一个意义。例如:

1. 舍:捨;禽:擒;

①两者不肯相舍,渔者得而并禽之。(《战国策·燕策》)

②贼少易擒。(《资治通鉴·淝水之战》)

③爱好文义,未尝违捨。(《宋书·殷淳传》)

2. 责:债

①先生不羞,乃有意欲为文收责于薛乎?(《冯谖客孟尝君》)

②何人可使收债于薛者?《史记·孟尝君列传》

3. 文:纹

①(发鸠之山)有鸟焉,文首,白喙赤足,名曰"精卫"。(《精卫填海》)

②垂挂倒莲,纹同雕刻。(《徐霞客游记·楚游日记》)

4. 监:鉴

①古人有言曰:"人无于水监,当于民监。"(《尚书·酒诰》)

②人莫鉴于流水,而鉴于止水。(《庄子·德充符》)

5. 然:燃

①若火之始然,泉之始达。(《孟子·公孙丑上》)

②萁在釜下燃,豆在釜中泣。(曹植《七步诗》)

6. 孩:咳

①如婴儿之未孩。(《老子》)

②父执子之右手,咳而名之。(《礼记·内则》)

7. 野:埜

①之子于归,远送于野。(《诗·邶风·燕燕》)

②都广之国,番禺之埜。(梁江淹《空青赋》)

8. 唇:脣

①浓朱衍丹唇,黄吻澜漫赤。(左思《娇女诗》)

②抗喉矫舌之差,攒唇激齿之异。(刘勰《文心雕龙·声律》)

9. 胸：膺

①汉王伤膺,乃扪足曰:"虏中吾指。"(《史记·高祖本纪》)

②手里金鹦鹉,胸前绣凤凰。(温庭筠《南歌子》)

10. 方羊、仿佯、方洋：彷徉

①如鱼窥尾,衡流而方羊裔焉。(《左传·哀公十七年》)

②聊仿佯而逍遥兮,永历年而无成。(屈原《远游》)

③学练气,为辟谷,登衡庐,彷徉岷峨。(《新唐书·卢藏用传》)

④(吴王濞)方洋天下,所向者降,所指者下,莫敢不服。(《汉书·吴王濞传》。《史记》作"彷徉天下"。)

以上各组字字形虽不同,但在句中意义都一样。就各组字形体之间的关系来看,1—5组是产生的先后不同,是古今字。5—9组只是字的写法不同,是异体字。第10组只是同音符号而已,因此异形较多。此外,繁简字也属于一词多形的问题。

在一形多词的几种情况中,最值得注意的是古今字。异体字、繁简字及同音符号只是形体不同,意义上差异不大,而古今字的意义有同有异,容易误解。例如某年高考语文试卷中古文翻译题是这样的：

上(刘邦)常从容与(韩)信言诸将能不,各有差。上问曰:"如我,能将几何?"信曰:"陛下不过能将十万。"上曰:"于君何如?"曰:"臣多多而益善耳。"上笑曰:"多多益善,何为我禽?"信曰:"陛下不能将兵,而善将将,此乃信之所以为陛下禽也。"(《史记·淮阴侯列传》)——皇上曾经在闲谈中与韩信谈论诸将的才能高下,各有长短,皇上问韩信说:"像我,能带多少兵?"韩信回答说:"您不过能带十万。"皇上说:"在你怎么样?"韩信说:"我越多就越好。"皇上笑着说:"越多越好,为什么被我擒获?"韩信说:"您不能带兵,可是善于带将,这就是我被您擒获的原因。"

有的考生由于不了解"禽"有"擒获"的意义,而误解为"鸟儿",译成"越多越好,你怎么成了我的鸟?"

　　一形多词与一词多形有时混在一起而不好区分,所以,有些教材把"舍:捨""文:纹""禽:擒"等作为"通假",实际上,它们是古今字的关系。前者多为本字本义,后来由于义项过多而不易区别,又造新字承担部分义项。只要分析字形,考察与本义的关系,就可以把假借字与古今字区别开来。例如禽,甲骨文中写作🦅,本像一张网,以工具表示捕捉动物,引申指"捕获物"(天上飞的与地下跑的都可称为"禽")。由于后世多用于指动物,又加"扌"表示"捕捉"的意义,所以不能认为"禽"通"擒"。

(四)掌握古代汉语常用词的途径

　　具体掌握古代汉语常用词的途径有两条:一是通过学习古文逐渐积累;二是通过阅读常用词系统了解。通过阅读文选掌握古代汉语常用词是学习的根本途径,但对多数成年人来说,这样学习也有一定的问题,不仅掌握的词语是零散的,而且在初学时,还常常不自觉地误解一些古今习见、形同义异的词。例如:

　　①乃以吴广为假王。(《史记·陈涉世家》)
　　②厉王虐,国人谤王。(《国语·周上》)
　　③臣之辛苦,非独蜀之人士及二州牧伯所见明知,皇天后

土,实所共鉴。(李密《陈情表》)

例①的"假"指"暂时代理"。例②的"国"指"国都","谤"指"背后批评"。例③的"辛苦"指"苦衷"。如果没有预先了解,很容易按照我们非常熟悉的现代汉语的意义把"假"误解为"真假"的"假","国"误解为"国家","谤"误解为"诽谤","辛苦"误解为"劳苦"。如何避免出现"很容易按照我们非常熟悉的现代汉语的意义误解古文"的问题呢?一个有效的办法就是较系统地阅读古汉语常用词。

初学古代汉语,可以阅读王力先生主编的《古代汉语》常用词部分、郭锡良先生主编的《古代汉语·词义分析举例》。王力先生主编的《古代汉语》常用词部分共收了1100多个常用词,以单音词为主,主要收常用义。对古今差别较大的词义,都加符号以引起注意,上古义、后起义、引申义都有说明,同义词也有辨析,同形词(即一形多词)则标明"同×",有时还谈到某些语法现象,确实是便于初学的好读本。例如:

谢(第一册,按:以下例句括号中的注释均为笔者所加。为保持原貌,不加译文。)

①道歉。战国策齐策:"宣王~曰:'寡人有罪国家。'"又:"封书,~孟尝君。"又赵策:"入而徐趋,至而自~曰"。又魏策:"秦王色挠,长跪而~之。"注意:在上古汉语里,这种意义最为常见。

②辞。礼记曲礼:"大夫七十而致事,若不得~,则必赐之几杖。"〔致事:退职。〕史记儒林传:"~绝宾客。"成语有"闭门~客。"

③告,告诉。古诗作为焦仲卿妻作:"多~后世人,戒之慎勿忘。"

④对别人的帮助或赠与表示感激。汉书张安世传:"安世常有引见,其人来～。"按:这与现代的意义一样,单上古罕见。

⑤衰退,凋谢(后起义)。范缜神灭论:"形～则神灭。"杜甫九日:"干戈衰～两相催。"

让(第一册)

①责备。左传僖公五年:"公使～之"。史记项羽本纪:"二世使人～章邯。"

②退让,不跟别人争夺权利,跟"争"相对。这是儒家所提倡的一种社会道德。战国策赵策:"鲁仲连辞～者三,终不肯受。"礼记礼运:"刑仁讲～。"引申为谦让。论语先进:"其言不让。"又卫灵公:"当仁不～于师。"

说(第二册)

①说明,解释。论语八佾:"成事不～。"(已经作了的,不要再解释了。)又名词。墨子非攻上:"若以此～往,杀十人,十重不义,必有十死罪矣。"

②读 shuì。说服。孟子尽心下:"～大人则藐之。"史记淮阴侯列传:"广武君～成安君曰。"

③读 yuè。同"悦"。论语学而:"学而时习之,不亦～乎?"左传僖公三十年:"秦伯～,与郑人盟。"

在"谢""让""说"的各个义项中,加点的意义都应注意掌握,这些都是古今不同的常见义。凡加"注意""按"等说明的,都要结合上下文细细体味。在古今不同的常见义中,尤其需要注意与今义差别不太明显的意义。例如"让"的第二个义项,如解释成"谦让""推让"似乎也能通,但不符合"退让"中所包含的丰富的内涵——

儒家所提倡的社会道德。"说"的第一个义项也易与今天"说话"的意义混淆。

郭锡良先生主编的《古代汉语·古代汉语词义分析举例》虽然仅选了200多个常用词,但多数词都首先说明本义,并着重介绍了分析词义的方法,对提高分析词义的能力很有帮助。例如:

错(中册)

"错"的本义是镶嵌。《汉书·王莽传》:"~刀以黄金~其文。"在身体上刻划也叫"错"。《史记·赵世家》:"翦发文身,~臂左衽。"索引:"错臂亦文身,谓以丹青错画其衽也。"引申为交错。《诗经·周南·汉广》:"翘翘~薪。"又引申为交互、更迭。《礼记·中庸》:"譬如四时之~行。"从交错又引申为抵牾、不合。《汉书·五行志》:"刘向治谷梁春秋,与仲舒~。"又引申为差错、错误。杜甫《释闷》诗:"江边老翁~料事,眼暗不见风尘清。""错误"的意义出现得较晚,大约是在唐朝。

"错"字又有磨石(用以磨玉、磨刀的石头)的意义。《诗经·小雅·鹤鸣》:"他山之石,可以为~。"这和表"镶嵌"义的"错"应该认为是两个词,只是用同一个汉字来表达罢了。有人认为这个意义的"错"是"厝"的假借,其实"厝"比"错"出现得晚,是为了区别"错"的"磨石"义而造的一个字。

"错"字假借为"措"。"措"有放置、施行、废弃等意义,因而"错"也有这些意义。《论语·为政》:"举直~诸枉,能使枉者直。"这是"放置"义。《易经·序卦》:"礼义有所~。"这是"施行"义。《史记·周本纪》:"刑~四十余年。"这是"弃置不用"之义。

"错"的义项虽多,但这样一分析,脉络清晰,易于掌握。《常用词》

与《词义分析举例》各有特点。如果先阅读《举例》,再用《举例》的方法读《常用词》,就会事半功倍。

最后需要强调的是,无论通过什么途径学习古汉语常用词,背诵的功夫是不可缺少的。王力先生曾说:"我们要以学习外文的方法去学习古代汉语。学外文的经验,首先强调记生词,还要背诵,把外文念得很熟,然后看见一个字、一个词,或读一本书,马上能了解它的意思。"(王力《谈谈学习古代汉语》,第130页)从根本上说,不下工夫背"单词",背古文,只了解一点古汉语词汇的特点,对提高阅读古书的能力是无济于事的。

练习六

一、解释下列句中画线词语在句中的意义,并说明与现代汉语有什么不同:

1. 赵括既代廉颇,悉更<u>约束</u>,易置军吏。(《秦与赵兵相距长平》)
2. 纵士卒<u>无赖</u>,邠人偷嗜暴恶者,卒以货窜名军伍中。(韩愈《段太尉逸事状》)
3. 朱泚幸致<u>货币</u>,慎勿纳。(韩愈《段太尉逸事状》)
4. 遵,涿人,性谨慎,<u>学问</u>不厌。(韩愈《柳子厚墓志铭》)
5. 文侯不说,知于<u>颜色</u>。(《自知》)
6. 始而相与,久而<u>相信</u>,卒而相亲。(《吕氏春秋·慎行》)
7. 故祸莫憯于欲利,悲莫大于<u>伤心</u>。(司马迁《报任安书》)
8. 是子才,<u>由于</u>公;不才,亦由于公。(《周书·文帝纪下》)
9. 言者所以得意,<u>得意</u>而忘言。(《庄子·外物》)
10. 仰不足以事父母,俯不足以畜<u>妻子</u>。(《孟子·梁惠王上》)
11. 滕君,则诚贤君也。<u>虽然</u>,未闻道也。(《孟子·滕文公上》)
12. 玉不琢,不成器,人不学,不<u>知道</u>。(《礼记·学记》)
13. 今齐<u>地方</u>千里,百二十城。(《战国策·齐策》)

14. 橘生淮南则为橘,生于淮北则为枳,叶徒相似,其实味不同。(《晏子春秋·内篇杂下》)

15. 其妻闻其病除,从百余里来省之,止宿交接,中间三日发病,一如佗言。(《三国志·魏志·华佗传》)

16. (夏)馥顿足而叹曰:"孽自己作,空污良善。"(《后汉书·夏馥传》)

17. 孔君平疾笃,庾司空为会稽,省之,相问讯甚至。(《世说新语·方正》)

二、说明句中的通假字、古今字、异体字在句中的意义,并写出所通之字今字或正字:

1. 夫人故不能自知,人主犹其。(《自知》)

2. 亡不越竟,反不讨贼。(《左传·宣公二年》)

3. 今贤非尧、舜、汤、武也,而有掩蔽之道,奚繇自知哉?(《自知》)

4. 比其反也,则冻馁其妻子。(《孟子·梁惠王下》)

5. 魏文侯燕饮,皆令诸大夫论己。(《自知》)

6. 取妻如之何?必告父母。(《诗经·齐风·南山》)

7. 秦将白起闻之,纵奇兵,详败走,而绝其粮道。(《秦与赵兵相距长平》)

8. 所过之邑,大国守城,小国入保。(《庄子·盗跖》)

9. 惟信亦以为大王不如也。(《韩信拜将》)

10. 实左右商王。(《诗经·商颂·长发》)

11. 有勇力者聚徒而衡击,罢夫羸老易子而咬其骨。政治未毕通也,远方之能疑者,并举而争起矣。(贾谊《论积贮疏》)

12. 燕尔新昏,如兄如弟。(《诗经·邶风·谷风》)

13. 可以为富安天下,而直为此廪廪也。(贾谊《论积贮疏》)

14. 吾又惧其杂也,迎而距之。(韩愈《答李翊书》)

三、解释句中黑体字的意义并说明古今发生了什么变化：

1. 尧有欲谏之鼓，舜有**诽谤**之木，汤有司过之士，武王有**戒**慎之鞀，犹恐不能自知。(《自知》)

2. 边伯之**宫**近于王宫，王取之。(《左传·庄公十九年》)

3. 悲愁垂**涕**相对。(《列子·汤问》)

4. 不能行而言之，**诬**也。(《大戴礼记·曾子立事》)

5. 近臣谏，远臣**谤**。(《国语·楚语》)

6. 夫虽无四方之忧，然谋臣与**爪牙**之士，不可不养而择也。(《国语·越语上》)

7. 美女**妖**且闲，采桑歧路间。(曹植《美女篇》)

8. 公之**媚**子，从公于狩。(《诗经·秦风·驷驖》)

9. 是何**祥**也？吉凶安在？(《左传·僖公十六年》)

10. 占者因其野泽之物，巢集城宫之内，则见鲁国且凶，传主人不吉之**瑞**矣。(《论衡·指瑞》)

七　虚词的学习与辨析

学习要点：
1. 认识掌握虚词语法特点的意义
2. 掌握分析词性的方法
3. 学会辨析虚词的词性、意义或作用
4. 认真完成练习

古今汉语的差异，还明显地表现在虚词的使用上。古今汉语的虚词系统完全不同。古代汉语虚词不但与现代汉语有很大的不同，而且使用频繁，作用多样，意义复杂，是阅读古文的难点之一。

学习古代汉语虚词主要从两个方面入手：一、掌握各类虚词的语法作用。二、注意掌握虚词中常用和容易误解的意义。

（一）掌握各类虚词的语法作用

1. 语法作用是虚词的纲

什么是虚词？理论上说，没有词汇意义只有语法作用的词是虚词。学习虚词,首先要掌握虚词的语法作用,也就是各类虚词可以和什么词结合,在句中起什么作用。掌握了虚词的语法作用,就能以简御繁,提纲挈领地驾驭各个虚词众多的义项,在阅读古文的时候辨析虚词在句中的意义或作用。下面先看一个极端的例子。

"于"在《词诠》中列有20个义项,摘列如下(注译为笔者所加,句中"於"均用"于"):

1. 内动词,在也。

边鄙残,国固守,鼓铎之声于耳,而乃用臣斯之计,晚矣!(《韩非子·存韩》)——边疆残破,国都固守,战争的鼓铎之声响在耳边,这时才用大臣李斯的计策,晚了!

2. 介词,表动作之对象。

王如施仁政于民,省刑罚,薄税敛,深耕易耨,壮者以暇日脩其孝悌忠信,入以事其父兄,出以事其长上,可使制梃以挞秦楚之坚甲利兵矣。(《孟子·梁惠王上》)——大王您如果对老百姓实行仁政,减免刑罚,减轻赋税,[让老百姓]深耕细作,早除秽草,年轻人在闲的时候讲求孝顺、敬顺、忠诚、守信的道德,在家用这些道德侍奉父兄,在外用这些道德侍奉长者和上司,这样就是让他们手持木棒也可以抗击秦国楚国有坚实铠甲、锐利刀枪的军队了。

3. 介词,表动作之关系。

人无于水监,当于民监。(《尚书·酒诰》)——人不要在水中照自己的影子,而应当在民众中去照自己的影子。

4. 介词,表动作之所以,可译为"从"。

逢蒙学射于羿。(《孟子·离娄下》)——逢蒙向羿学习射箭。

5. 介词,表动作之所在,可译为"在"。

赵王乃斋戒五日,使臣奉璧,拜送书于庭。(《史记·廉颇蔺相如列传》)——赵王就斋戒了五日,让我捧着玉璧,到您的朝廷上递送国书。

6. 介词,表动作之所趋归。

上与梁王燕饮,从容言曰:"千秋万岁后,传于王。"(《史记·梁孝王世家》)——皇上曾经与梁孝王饮宴,闲谈说:"我百年之后把王位传给你。"

7. 介词,表所为。

齐使管仲平戎于周。(《史记·齐太公世家》)——齐国派管仲到周平定戎。

8. 介词,与今语"根据""按照"义同。

于诸侯之约,大王当王关中。(《史记·淮阴侯列传》)——按照诸侯的约定,大王您应当在关中作王。

9. 介词,表"在……中"之意。

燕于姬姓独后亡。(《史记·燕世家》)——在姬姓之中只有燕国最后灭亡。

10. 介词,表所在之地位,可译为"在",惟此地位乃抽象之地位,与第五条实指地方者不同,故别出之。

且矫魏王令夺晋鄙兵以救赵,于赵则有功矣,于魏则未为忠臣也。(《史记·信陵君列传》)——况且假托魏王的命令夺晋鄙的部队来救赵国,对赵国是有功了,对魏国就不算是忠臣。

广川惠王于朕为兄。(《汉书·广川惠王传》)——广川惠王对我来说是兄长。

11. 介词,表时间。

子于是日哭,则不歌。(《论语·述而》)——孔子在这一天哭过,就不再唱歌。

12. 介词,表被动文中原主动之作者。

劳心者治人,劳力者治于人。治于人者食人,治人者食于人,天下之通义也。(《孟子·滕文公上》)——劳心的统治人,劳力的被人统治。被人统治的养活别人,统治人的被人养活,这是天下通行的道理。

13. 介词,表形容词之对象。

吾甚惭于孟子。(《孟子·公孙丑下》)——我对孟子感到非常惭愧。

14. 介词,表形容词之比较级。

苛政猛于虎也。(《礼记·檀弓》)——苛政比老虎还凶残。

15. 介词,与"以"同义。

居则习民于射法,出则教民于应敌。(《汉书·晁错传》)——在家就让百姓练习射箭,出外就让百姓练习应敌。

16. 介词,表人之意旨,亦可译为"在"。

"今吴楚反,于公何如?"对曰:"不足忧此。"(《史记·吴王濞传》)——"现在吴楚反叛,在你看怎么样?"回答说:"不值得忧虑。"

17. 介词,表两方之关系。

麒麟之于走兽,凤凰之于飞鸟,泰山之于丘垤,河海之于行潦,类也,圣人之于民,亦类也。(《孟子·公孙丑上》)——麒麟对于走兽,凤凰对于飞鸟,泰山对于土堆,河海对于小溪,都是同类,圣人对于百姓,也是同类。

18. 语首助词,无义。

黎民于变时雍。(《尚书·尧典》)——众民由于尧的教化也都变得和睦了。黎:众。时:这,这样。雍:和睦。

19. 句中助词,无义,倒装时使用。

王贪而无信,唯蔡于感。(《左传·昭公十年》)——王贪心又不讲信用,对蔡国是非常遗憾的事。

20. 叹词,读与"乌"同。

佥曰:"于!鲧哉!"(《尚书·尧典》)——都说:"哦,(让)鲧(来治理洪水)吧!"

不算作为动词的"于",还有19个义项,乍一看,确实令人目眩。但这都是后人研究时根据上下文的意义分析出来的,有许多意义不过是上下文意义在虚词上的"反光"。如果只盯住这十九个"反光点",就看不到"于"的本来面目,只能感到复杂而难以掌握。但如果归纳一下,"于"只是三个词:①介词;②助词(现在一般叫语气词);③叹词。助词、叹词的作用古代也不常用,所以主要掌握介词的作用。

再看义项。上面介绍的"于"作为介词的义项有16项之多,从词语的组合关系上看,这16个义项之间又有共同点,即"于"后都是名词,这些名词的意义可以分为三类:①人事;②时间;③地点。例如2、3、4、6、7、8、9、10、12、13、14、15、16都与人事有关;例11与时间有关;例5与地点有关。归纳起来,介词"于"的作用主要有四条:①介绍动作行为发生的时间;②介绍动作行为发生的处所;③介绍出动作行为涉及的对象;④介绍比较的对象。至于种种意义,如"在""在……之中"等那多是翻译的结果,是由上下文的意义与现代汉语的语言习惯决定的,不必一一死记,而且,由于语言习惯的改变,有的也可以有几种解释。如例4"逢蒙学射于羿",可译为"从",但现在"从××学习……"已不常见,而常说"向××学习……",所以也可以解释为"向";例10可解释为"在",也可解释为"对",因为现代习惯说成"在(或对)……来说"。但不论怎样解释,都不能改变其介词的性质。因此,学习介词"于",主要掌握上面归纳的四个作用。

掌握这四个作用,主要在于记住"于"前后词语的特点。"于"

前边是动词,后边是表示时间的名词时,它表示时间;后边是地点时,它表示处所;后边是人、物时,它表示对象;前边是形容词时,它表示比较(也可以说介绍比较的对象)。

2. 各类虚词的语法作用

在国家开放大学《古代汉语》教材中主要介绍了 35 个虚词,这些都是常用虚词,数量并不多,应该很好地掌握。这里分类介绍一下它们的语法作用。

(1)代词。代替名词、名词性词组或短语充当句子成分的词。代词有一定的词汇意义,所以,有的把它归入实词。

根据代词所代的对象,又可以分为人称代词、指示代词、疑问代词三类。人称代词如"吾""尔""汝(女)";指示代词如"是""此""彼""兹"等。疑问代词如"何""奚""焉"等。这里主要介绍"其、者、所、或、莫"的特点和需要注意掌握的作用("之"见下文)。

1)其

"其"有两种词性,代词和助词。作代词,主要指代人、事、物,在句中充当定语、主语。作助词,主要表示一种委婉的语气。例如:

①媪之送燕后也,持其踵为之泣。(《战国策·赵策》)——"其"代"燕后",作定语。

②晋侯、秦伯围郑,以其无礼于晋,且贰于楚也。(《烛之武退秦师》)——"其"代"郑",作分句主语。

③我非爱其财而易之以羊也。(《齐桓晋文之事》)——"其"起指示作用,那,作定语。

④昭王之不复,君其问诸水滨。(《齐桓公伐楚》)——"其"表委婉的语气。

2）者、所

"者"和"所"主要是辅助性代词，其作用是组成名词性结构充当句子成分。"者"字结构可以作主语、定语、宾语、判断句谓语。"所"字结构可以作定语、状语。例如：

①王怒，得卫巫，使监谤者，以告，则杀之。(《召公谏弭谤》)——"者"在动词"谤"之后，指"批评的人"，作宾语。

②饥者易为食，渴者易为饮。(《孟子·公孙丑上》)——"者"在形容词"饥""渴"之后，指"饥饿的人""口渴的人"，作主语。

③原浊者流不清，行不信者名必耗。(《墨子·修身》)——"者"在主谓结构"原浊""行不信"之后，指"源浊的河流""品行不诚实的人"，作主语。

④妾之美我者，畏我也。(《邹忌讽齐王纳谏》)——"者"在主谓结构"妾之美我"之后，指"妾认为我漂亮的原因"，作主语。

⑤诸将亡者以十数，公无所追；追信，诈也。(《韩信拜将》)——"者"在动词"亡"之后，指"逃跑的人"，作主语。"所"在动词"追"之前，指"追赶的人"，作宾语。

⑥是吾剑之所从坠。(《吕氏春秋·察今》)——"所"在介词"从"之前，指"坠落的地方"，作状语。

⑦空队(隧)、要塞，人之所往来者。(《墨子·号令》)——"所"在动词"往来"之前，指"往来的地方"。

⑧今拜大将，如呼小儿耳，此乃信所以去也。(《韩信拜将》)——"所"在介词"以"之前，指"离开的原因"。

⑨吾知所以距子矣。(《公输》)——"所"在介词"以"之前，指"抵御的办法"。

以上是"者""所"作为辅助代词的用法,其他的用法这里就不介绍了。

3)或、莫

"或"和"莫"需要注意掌握的主要是无定代词的用法,"或"是肯定性无定代词,指"有的人(或有的事、物)"。"莫"是否定性无定代词,指"没有什么人(或事、物)",在句中作主语。例如:

①兵刃既接,弃甲曳兵而走,或百步而后止,或五十步而后止。(《寡人之于国也》)——"或"指"有的人",作主语。

②人固有一死,或重于泰山,或轻于鸿毛。(《报任安书》)——"或"指"有的人死",作主语。

③杀臣,宋莫能守,乃可攻也。(《公输》)——"莫"指"没有谁",作主语。

④在天者莫明于日月。(《天论》)——"莫"指"没有什么东西",作主语。

代词中还有一个"是"特别值得注意。"是"在现代汉语中作判断动词,在古代汉语中常用为指示代词,不要误解。例如:

且尔言过矣,虎兕出于柙,龟玉毁于椟中,是谁之过与?(《季氏将伐颛臾》)

把句中的"是"理解成判断动词似乎也可以,但当时的"是"没有判断动词的用法,所以一定要理解为指示代词"这"。换言之,"是"只要能理解为指示代词的,就不要理解为判断动词。

(2)副词。表示动作、行为、发展、变化、性质、状态的程度、范围、时间等意义的词。副词能修饰动词、形容词,不能修饰名词、代词、数量词。在句中经常充当状语,也作补语。例如:

①爱共叔段,欲立之。亟请于武公,公弗许。(《郑伯克

段于鄢》)——"亟"表示屡次,作状语。

②涉浅水者见虾,其颇深者察鱼鳖,其尤深者见蛟龙。(《论衡·别通》)——"颇""尤"表示程度,作状语。

③君美甚,徐公何能及公也!(《邹忌讽齐王纳谏》)——"甚"表程度,作补语。

《古代汉语》教材中重点介绍了"曾、且、乃、非、勿、毋、弗",需要注意的主要是与现代汉语词性或意义不同,但又容易误解的副词。例如:

①太后之色少解。(《触龙说赵太后》)——"少"是程度副词,意思是"稍微"。

②直不百步耳,是亦走也。(《寡人之于国也》)——"直"是范围副词,意思是"只"。

③江山之外,第见风帆沙鸟、烟云竹树而已。(王禹偁《黄冈竹楼记》)——"第"是范围副词,意思是"只"。

④但愿人长久,千里共婵娟。(苏轼《水调歌头·中秋》)——"但"是范围副词,意思是"只"。

⑤使遂早得处囊中,乃颖脱而出,非特其末现而已。(《毛遂自荐》)——"特"是范围副词,意思是"仅"。

⑥以君之力,曾不能损魁父之丘,如太行、王屋何?(《愚公移山》)——"曾"是情态副词,意思是"竟然"。

⑦项羽乃疑范曾与汉有私,稍夺其权。(《史记·项羽本纪》)——"稍"是时间副词,意思是"逐渐"。

⑧其后楚日以削;数十年,竟为秦所灭。(《史记·屈原列传》)——"竟"是时间副词,意思是"最终"。

如果不掌握它们的词义,就很容易误解。

(3) **介词**。与名词、代词及某些名词性词组结合,组成介词结

构,表示动作行为的方向、对象、处所、时间等意义的词。介词结构主要充当句子的状语和补语。例如:

①若之何以病败君之大事也。(《鞌之战》)——介词"以"和名词"病"组成介词结构作状语,表原因。

②今欲以先王之政治当世之民,皆守株之类也。(《五蠹》)——介词"以"和名词词组"先王之政"组成介词结构作状语,表凭借。

③所以隐忍苟活,幽于粪土之中而不辞者,恨私心有所不尽,鄙陋没世,而文采不表于后世也。(《报任安书》)——介词"于"和名词词组"粪土之中"组成介词结构作补语,表处所。介词"于"和名词词组"后世"组成介词结构作补语,表时间。

④若能以吴、越之众与中国抗衡,不如早与之绝。(《赤壁之战》)——介词"以"和名词词组"吴、越之众"组成介词结构作状语,表凭借。介词"与"和名词"中国"组成介词结构作状语,表对象。

⑤因其土俗,为设教禁,州人顺赖。(韩愈《柳子厚墓志铭》)——介词"因"和名词性词组"其土俗"组成介词结构作状语,表依据。

介词"于"在上面已经介绍了,"以""为""与"将在辨析中介绍。需要注意的还有合音词"诸"。"诸"是"之乎"的合音词,"之"是代词,"乎"的作用可能是介词,相当于"于",也可能是句尾语气词。"乎"的作用是介词时,后边必有名词;如果作用是表达语气,必在句尾。例如:

①段入于鄢,公伐诸鄢。(《郑伯克段于鄢》)——"公伐诸鄢"即"公之于鄢"。

②有楚大夫于此,欲其子之齐语也,则使齐人傅诸?使楚人傅诸?(《孟子·滕文公下》)——"傅诸?"即"傅之乎?"。

(4) 连词。用来连接各类实词、词组成分句的词。根据连词所表示的关系,可以分为联合连词、偏正连词。表联合关系又可分为并列连词、递进连词、选择连词、承接连词四类。表偏正关系的又分为让步转折连词、因果连词、假设连词、条件连词、目的连词等。这些都需要通过体会上下文来确定。在《古代汉语》教材中重点介绍的连词有"而、然、然而、则、然则、虽、虽然",这里主要介绍这些连词中需要注意的作用。

①盛服将朝,尚早,坐而假寐。(《晋灵公不君》)——"而"连接状语和动词谓语。

②人而无信,不知其可也。(《论语·为政》)——"而"用在主语谓语之间,有转折的意味。

③子产而死,谁其嗣之?(《左传·襄公三十年》)——"而"用在主语谓语之间,有假设的意味。

④左右皆恶之,以为贪而不知足。(《冯谖客孟尝君》)——"而"表递进关系,而且。

⑤覆杯水于坳堂之上,则芥为之舟;置杯焉则胶,水浅而舟大也。(《北冥有鱼》)——"而"表转折关系,可是。

⑥河内凶,则移其民于河东,移其粟于河内。河东凶亦然。(《孟子·梁惠王上》)——"然",形容词,这样。

⑦七十者衣帛食肉,黎民不饥不寒,然而不王者,未之有也。(《孟子·梁惠王上》)——"然而",两个词,"然"的意思是"这样"。"而",连词,表转折,却。

⑧然则反古者未必可非,循礼者未足多也。(《更法》)——"然则",两个词,"然"的意思是"既然这样"。"则"

是连词,那么。

⑨上明而政平,则是虽并世起,无伤也。上暗而政险,则是虽无一至者,无益也。(《天论》)——"虽"表假设,意思是"即使",与表让步的"虽然"不同。

⑩滕君,则诚贤君也;虽然,未闻道也。(《孟子·滕文公上》)——"虽然",两个词,"虽"表假设,"即使"。"然",这样。

上面介绍的主要是各类虚词的语法特点,例句只是提示性的。助词、语气词并不复杂,这里就不介绍了。

(二)注意掌握虚词中古代常用和现代容易误解的词义或作用

一些常用虚词的义项比较多,但以"古代常用"和"现代容易误解"这两条来筛选,就不太多了。例如"之"可以作代词、助词、动词等。作代词的主要有三种用法:

1. 指示代词,作定语。

之二虫又何知?(《北冥有鱼》)——"之"是指示代词,意思是"这"。

2. 代人或事物,在句中作宾语。

①匈奴遣兵击之。(《张骞传》)——"之"代"昆莫"。

②颍考叔为颍谷封人,闻之,有献于公。(《郑伯克段于鄢》)——"之"代"庄公后悔与母亲绝交"这件事情。

3. 复指前置宾语。

《诗》云:"他人有心,予忖度之。"夫子之谓也。(《齐桓晋文之事》)——"之"复指前置宾语"夫子"。

"之"作助词主要有两种用法:

1.用在定语和中心词之间,表示领属关系或修饰关系。"之"前边是名词、代词时,一般表示领属关系。例如:

封于巫山之阳。(郦道元《巫山·巫峡》)——"之"表领属关系。

前边是形容词、动词性词组时多表示修饰关系。例如:

①此诚危急存亡之秋也。(《出师表》)——"之"表修饰关系。

②论天下事势,致殷勤之意。(《赤壁之战》)——"之"表修饰关系。

形容词"殷勤"修饰"意"。

"之"前边连接数量词时,有时表示范围:

先王之制,大都不过叁国之一,中五之一,小九之一。(《郑伯克段于鄢》)

"叁国"的"叁"用作动词,意思是把首都的城墙分成"三份"。"五""九"后边均省"国"。"国"指"首都"。

有一种情况比较特殊,名词表比喻时,表修饰关系。例如:

夫秦王有虎狼之心。(《鸿门宴》)

2.用在主语和谓语之间,取消句子独立性,构成主谓词组,充当句子的主语、宾语、定语、状语或外位语。例如:

①由其中以望,则山之高,云之浮,溪之流,鸟兽之遨游,举熙熙然迥巧献技,以效兹丘之下。(柳宗元《钴鉧潭西小丘记》)——"山之高,云之浮,溪之流,鸟兽之遨游"均作主语。

②愿伯具言臣之不敢倍德也。(《鸿门宴》)——"臣之不敢倍德"作宾语。

③始臣之解牛之时,所见无非全牛者。(《庖丁解牛》)——"臣之解牛"作定语。

④尧之王天下也,茅茨不翦,采椽不斫。(《五蠹》)——"尧之王天下"作状语,一般后边均加"也",表时间。

⑤道之不行,已知之矣。(《子路从而后》)——"道之不行"是宾语的外位语。

3.放在形容词或时间副词之后,只起增加一个音节的作用,没有实际意义。如:

①辍耕之垄上,怅恨久之。(《陈涉起义》)

②顷之,烟炎张天,人马烧溺死者甚众。(《赤壁之战》)

"之"本是动词,意思是前往。

①王见之,曰:"牛何之。"(《齐桓晋文之事》)

②(冯谖)驱而之薛。(《冯谖客孟尝君》)

"之"用在定语和中心词之间,表示领属关系或修饰关系的作用,古代汉语中也常用,但并不生疏。用"常用""容易误解"的标准筛选一下,在上述"之"的各种用法中,需要注意掌握的主要有四项,即指示代词(这)、复指前置宾语、取消句子独立性的作用和动词的意义。

(三)如何辨析虚词的词义或作用

从上面的介绍我们可以看到,常用虚词虽然不多,但意义或作用比较复杂。在阅读古文的时候,就有辨析某个虚词在句中的意义或作用的问题。如何辨析虚词在句中的意义或作用,主要是以虚词的语法作用为依据来看在上下文中的作用。例如:

①楚人有涉江者,其剑自舟中坠于水。(《吕氏春秋·察今》)

②青,取之于蓝而青于蓝;冰,水为之而寒于水。(《劝学》)

③材不为世用,道不行于时。(韩愈《柳子厚墓志铭》)

我们已经知道,介词的语法作用是组成介宾结构,在句中的位置主要是在动词、形容词谓语前后,因此我们先找充当谓语的词。例①的谓语动词是"坠",它前面有介词"自",与"舟中"组成介宾词组,表处所,说明从那里坠落。后面有介词"于",与"水"组成介宾词组,说明剑坠落的地方。例②的谓语动词是"取""为"和形容词"青""寒"。"取"的后面有谓语"之","之"后面的"于"是介词,与"蓝"组成介宾词组,表对象。"为"后面只有宾语"之"。形容词谓语"青""寒"后面有介词"于",与"蓝""水"组成介宾词组,表比较的对象。例③的谓语动词是"用""行","用"之前有介词"为",与"世"结合,表被动(或说引进动作行为的主动者);"行"的后面有介词"于",与"时"组成介宾词组,表时间。

总体掌握虚词的语法作用是辨析虚词意义或作用的基础。有的虚词比较复杂,尤其是介词、连词同用一个字形的时候,辨析起来有一定的困难。但如果对介词、连词的语法作用有清楚的认识,知道连词同介词的根本区别,运用这些知识,我们就可以辨析比较复杂的虚词。例如"以":

①晋侯、秦伯围郑,以其无礼于晋,且贰于楚也。(《烛之武退秦师》)

②夫夷以近,则游者众;险以远,则至者少。(王安石《游褒禅山记》)

③愿夫子辅吾志,明以教我。(《齐桓晋文之事》)

④于是项伯复夜去,至军中,具以沛公言报项王。(《鸿门宴》)

⑤后以不能媚权贵失御史。(韩愈《柳子厚墓志铭》)

⑥今者任座之言直,是以知君之贤也。(《自知》)

⑦自始合,而矢贯余手及肘,余折以御,左轮朱殷。(《鞌之战》)

⑧(于)嵩又取架上诸书,试以问(张)巡。(韩愈《〈张中丞传〉后叙》)

例①的"以"处于第二个句子之首,前后两个句子是因果关系,所以是连词,表原因。例②的"以"处于两个形容词之间,这两个形容词换位后句子意思不变,所以是连词,表联合关系。例③的"以"在形容词"明"和动词"教"之间,"明"是修饰"教"的(怎么教),所以是连词,表修饰关系(或者说连接状语和谓语)。例④的"以"在副词"具"和词组"沛公言"之间,二者都是修饰谓语"报"的,本身没有什么关系。根据介词的特点,我们就可以断定"以"是介词,与"沛公言"组成介词结构作状语。例⑤的"以"前后两项没有什么关系,句子的谓语动词是"失",所以这个"以"是介词,与"不能媚权贵"组成介词结构作状语,表原因。介词"以"的后边如果省略了宾语,有时也易与连词相混。例⑦的"以"是连词,连接两个动作。如果认为是介词,就一定是后边省略了宾语"之",但加上"之"写成"余折以之御","之"指代不明,语义不通。例⑧的"以"后边加上"之","以之问"意思通顺,如不加,意思反倒不完善,所以例⑧的"以"是介词。

再如"与":

①夫仆与李陵俱居门下,素非能相善也。(司马迁《报任安书》)

②道者,令民与上同意也。(《孙子兵法》)
③彼与彼,年相若也,道相似也。(韩愈《师说》)
④夸父与日同走。(《夸父逐日》)
⑤屈完与诸侯盟。(《齐桓公伐楚》)
⑥知可以战与不可以战者胜。(《谋攻》)
⑦项王曰:"壮士,赐之卮酒。"则与斗卮酒。(《鸿门宴》)
⑧齐使以为奇,窃载与之齐。(《孙膑》)
⑨客从外来,与坐谈。(《邹忌讽齐王纳谏》)

例①的"与"是连词,"与"前后人物在句中的地位是平等的,颠倒后意思不变。例②的"与"是介词,"民"是受令的对象,又是"同意"的主动者。如果"民"与"上"位置颠倒,意思就全变了。例③、例④、例⑤的"与"前后连接的都是名词,但例③的"与"是连词,例④、例⑤的是介词。原因是前后两个名词的地位不同,或主动发出动作与被动附和动作不同。如果"与"前后的名词颠倒过来,意义也不变,则是连词,否则就是介词。例⑥的前后接动词和动词词组,且可以换位置,是连词。例⑦上接副词,后边接的只有名词,是动词。"与"前接名词、后接动词的多是介词,文意上省略了介词宾语。例⑧、⑨"与"后面都省略了宾语"之"。

有的虚词作用或意义更加复杂,如果分析虚词与前后词语的关系,也可以确定其意义或作用。例如"相"作为副词,既表"互相",又单指一方。

①(郑伯)遂置姜氏于城颍,而誓之曰:"不及黄泉,无相见也。"(《郑伯克段于鄢》)
②即不幸有方二三千里之旱,国胡以相恤?(贾谊《论积贮疏》)
③儿童相见不相识,笑问客从何处来?(贺知章《回乡偶书》)

例①是郑伯对母亲说的话,"相见"是双方的事情,所以句中的"相"指双方,意思是"互相"。例②的主语是国家,"恤"是国家发出的行为,所以指百姓一方。例③也是如此,"见"是儿童一方发出的,所以"相"单指一方。

又如"见"作为副词,有时表被动,有时单指一方。例如:

①盆成括见杀。(《孟子·尽心下》)
②今具道所以、冀君实或见恕也。(王安石《答司马谏议书》)
③吾长见笑于大方之家。(《庄子·秋水》)
④生孩六月,慈父见背。(李密《陈情表》)

例①表被动,例②单指一方。这里的区别也是由主语不同造成的。主语是第一或第三人称时,"见"多表被动。主语是第二人称时(有时在句子中作兼语),"见"多单指一方。仔细分析就可以判断。

练习七

一、说明下列各词在句中的词性、词义:

(一)或

1. 兵刃既接,弃甲曳兵而走,或百步而后止,或五十步而后止。(《寡人之于国也》)
2. 或问儒者曰:"方此时也,尧安在?"(《历山之农者侵畔》)
3. 夫物之不齐,物之情也,或相倍蓰,或相什百,或相千万。(《孟子·滕文公上》)
4. 残贼公行,莫之或止。(贾谊《论积贮疏》)

(二)莫

1. 杀臣,宋莫能守,可攻也。(《公输》)
2. 人谁无过,过而能改,善莫大焉。(《晋灵公不君》)

3. 国人莫敢言,道路以目。(《召公谏弭谤》)

4. 在天者莫明于日月,在地者莫明于水火,在物者莫明于珠玉,在人者莫明于礼义。(《天论》)

(三)所

1. 诸将亡者以十数,公无所追;追信,诈也。(《韩信拜将》)

2. 必能使行阵和睦,优劣得所也。(诸葛亮《出师表》)

3. 始臣之解牛之时,所见无非全牛者。(《庖丁解牛》)

(四)所以

1. 向其先表之时可导也,今水已变而益多矣,荆人尚犹循表而导之,此其所以败也。(《察今》)

2. 吾知所以距子矣。(《公输》)

3. 今拜大将,如呼小儿耳,此乃信所以去也。(《韩信拜将》)

4. 故天子立辅弼,设师保,所以举过也。(《自知》)

(五)其

1. 昭王之不复,君其问诸水滨。(《齐桓公伐楚》)

2. 越国以鄙远,君知其难也。(《烛之武退秦师》)

3. 若阙地及泉,隧而相见,其谁曰不然?(《郑伯克段于鄢》)

4. 我非爱其财而易之以羊也。(《齐桓晋文之事》)

(六)非

1. 然则反古者未必可非,循礼者未足多也。(《更法》)

2. 焉足以知是且非邪?(韩愈《答李翊书》)

3. 群贤不说自匿,百姓郁怨非上。(《自知》)

4. 今东向争权天下,岂非项王邪?(《韩信拜将》)

(七)乃

1. 王师北定中原日,家祭无忘告乃翁。(陆游《示儿》)

2. 王素慢,无礼,今拜大将,如呼小儿耳,此乃信所以去也。(《韩信拜将》)

3. 呜呼！士穷乃见节义。（韩愈《柳子厚墓志铭》）

4. 诸将皆喜，人人各自以为得大将。至拜大将，乃韩信也，一军皆惊。（《韩信拜将》）

5. 羽复引而东，至东城，乃有二十八骑。（《汉书·项籍传》）

（八）且

1. 吾不忍梦得之穷，无辞以白其大人。且万无母子俱往理！（韩愈《柳子厚墓志铭》）

2. 富贵者骄人乎？且贫贱者骄人乎？（《史记·魏世家》）

3. 北山愚公者，年且九十，面山而居。（《愚公移山》）

4. 先生且休矣，我将念之。（《史记·淮阴侯列传》）

5. 失时不雨，民且狼顾。（贾谊《论积贮疏》）

6. 今尚书恣卒为暴，暴且乱，乱天子边，欲谁归罪？罪且及副元帅。（韩愈《段太尉逸事状》）

7. 居一二日，何来谒上，上且怒且喜。（《韩信拜将》）

8. 甲者出，太尉笑且入。（韩愈《段太尉逸事状》）

（九）曾

1. 孟尝君曾待客夜食。（《史记·孟尝君列传》）

2. 尔何曾比予管仲？（《孟子·公孙丑上》）

（十）于

1. 虎兕出于柙，龟玉毁于椟中。（《季氏将伐颛臾》）

2. 则固胜于人而可取于人矣！（贾谊《答李翊书》）

3. 先帝在时，每与臣论此事，未尝不叹息痛恨于桓灵也。（诸葛亮《出师表》）

4. 夫子言之，于我心有戚戚焉。（《齐桓晋文之事》）

（十一）诸

1. 京叛大叔段，段入于鄢，公伐诸鄢。（《郑伯克段于鄢》）

2. 有楚大夫于此，欲其子之齐语也，则使齐人傅诸？使楚人傅

诸？(《孟子·滕文公下》)

二、说明下列各词在句中的词性、词义和判断的依据：

(一) 以

1. 晋侯、秦伯围郑，以其无礼于晋，且贰于楚也。(《烛之武退秦师》)

2. 夫夷以近，则游者众；险以远，则至者少。(王安石《游褒禅山记》)

3. 子曰："以吾一日长乎尔，毋吾以也。"(《子路曾皙冉有公西华侍坐》)

4. 于是项伯复夜去，至军中，具以沛公言报项王。(《鸿门宴》)

5. 愿夫子辅吾志，明以教我。(《齐桓晋文之事》)

6. 汾阳王以副元帅居蒲。(韩愈《段太尉逸事状》)

7. 齐侯以诸侯之师侵蔡。(《齐桓公伐楚》)

8. 陛下以绛侯周勃何如人也？(《史记·张释之冯唐列传》)

9. 斧斤以时入山林，材木不可胜用也。(《寡人之于国也》)

10. 后以不能媚权贵失御史。(韩愈《柳子厚墓志铭》)

12. 今者任座之言直，是以知君之贤也。(《自知》)

13. 有时朝发白帝，暮到江陵，虽乘奔御风，不以疾也。(郦道元《巫山·巫峡》)

14. 属予作文以记之。(范仲淹《岳阳楼记》)

15. 齐使者为梁、孙膑以刑徒阴见，说齐使。齐使以为奇。(《孙膑》)

16. 于是乃以田忌为将，而孙子为师。(《孙膑》)

17. 富国以农，而贵文学之士。(《五蠹》)

18. 五亩之宅，树之以桑，五十者可以衣帛矣。(《齐桓晋文之事》)

19.以吾一日长乎尔,毋吾以也。(《论语·先进》)

20.苟粟多而财有余,何为而不成?以攻则取,以守则固,以战则胜。(贾谊《论积贮疏》)

(二)之

1.宦三年矣,未知母之存否。今近焉,请以遗之。(《晋灵公不君》)

2."我之怀矣,自诒伊戚!"其我之谓矣!(《晋灵公不君》)

3.得中山不以封君之弟,而以封君之子,是以知君之不肖也。(《自知》)

4.王见之,曰:"牛何之?"(《齐桓晋文之事》)

(三)为

1.沛公欲王关中,使子婴为相。(《鸿门宴》)

2.经北舰十余里,为巡船所物色,几从鱼腹死。(文天祥《指南录后序》)

3.虽然,不可不为生言之。(韩愈《答李翊书》)

4.天行有常,不为尧存,不为桀亡。(《天论》)

5.生所为者与所期者,甚似而几矣。(韩愈《答李翊书》)

6.南方有鸟焉,名曰蒙鸠,以羽为巢。(《劝学》)

7.今不取,后世必为子孙忧。(《季氏将伐颛臾》)

(四)而

1.子路拱而立。(《子路从而后》)

2.触槐而死。(《晋灵公不君》)

3.左右皆恶之,以为贪而不知足。(《冯谖客孟尝君》)

4.覆杯水于坳堂之上,则芥为之舟;置杯焉则胶,水浅而舟大也。(《北冥有鱼》)

5.吾尝终日而思矣,不如须臾之所学也。(《劝学》)

6.胡不下!吾乃与而君言,汝何为者也?(《毛遂自荐》)

(五)是

1. 人以自是,反以相诽。(《察今》)

2. 故文王行仁义而王天下,偃王行仁义而丧其国,是仁义用于古而不用于今也。(《五蠹》)

3. 直不百步耳,是亦走也。(《寡人之于国也》)

4. 且尔言过矣,虎兕出于柙,龟玉毁于椟中,是谁之过与?(《季氏将伐颛臾》)

5. 生之所谓"立言"者,是也。(韩愈《答李翊书》)

八　句子成分的特殊性

学习要点：
1. 掌握宾语前置的类型
2. 掌握名词状语的特点和主要作用
3. 掌握句子成分省略的主要表现
4. 学习辨析前置宾语、名词状语、补语和句子成分省略
5. 认真完成练习

　　古今汉语句子成分基本相同，都是主语、谓语、宾语、定语、状语、补语，其中主语、谓语、宾语是句子的基本成分，定语、状语、补语是句子的修饰成分。古今汉语句子结构和句子成分之间的关系也基本一样：句子一般按主语、谓语、宾语的次序排列；定语在主语、宾语之前，状语在谓语之前，补语在谓语之后。但在具体表现形式上，古代汉语又有自己的特点，主要表现在宾语前置、名词作状语、名词性补语和句子成分的省略上。了解这些特点，对于准确理解古文有很大的帮助。

（一）宾语前置

宾语一般在谓语之后，在有些情况下，古代汉语的宾语经常放在谓语之前，这就是宾语前置。现代汉语也有宾语前置，但多数情况下是为了突出宾语，并且宾语和谓语动词之前还有其他成分，所以不难理解。例如："你到底要什么？我什么也不要！""什么"放在"也"之前。如果没有"也"，说成"什么不要"，意思就成了"什么都要"，与"什么也不要"完全相反。

古代汉语宾语前置主要有三种情况：1.疑问代词宾语前置；2.否定句中代词宾语前置；3.用"之""是"等虚词复指前置宾语。前两种情况一般直接放在谓语之前。不论直接放在谓语之前，还是在中间用"之""是"等词复指，由于和现代汉语不同，初学古代汉语的时候，在理解上就有一定的困难。所以，掌握古代汉语宾语前置，对理解古文有重要的作用。

1.疑问代词宾语前置

在古代汉语中，疑问代词"何""谁""安""奚"等作宾语一般要置于谓语之前。例如：

①吾乃与而君言，汝何为者也？（《毛遂自荐》）——我与你的君王讲话，你是干什么的？

②吾谁欺？欺天乎？（《论语·子罕》）——我欺骗谁，欺骗天吗？

③沛公安在？（《史记·项羽本纪》）——沛公在哪里？

④彼且奚适也？（《北冥有鱼》）——它将到哪里呢？

⑤虽几于成，其用于人也奚取焉？（韩愈《答李翊书》）——即使接近成功了，那文章被人用的时候，别人能得

到什么呢?

⑥敢问何谓也?(《郑伯克段于鄢》)——请问您说的是什么意思?

⑦之二虫又何知!(《北冥有鱼》)——这两只鸟又知道什么呢?

⑧乱天子边,欲谁归罪?(韩愈《段太尉逸事状》)——在天子身边制造变乱,要归罪于谁?

例①的"何"作动词"为"的宾语,"何为"的意思是"干什么";例②的"谁"是疑问代词,所以放在"欺"之前,而"天"则放在"欺"之后;③的"安"作动词"在"的宾语,意思是"在哪里?"例④的"奚"作动词"适"的宾语,意思是"去哪里";例⑤的"奚"作"取"的宾语,意思是"取什么";例⑥"何"作"谓"的宾语,意思是"说什么";例⑦"何"作"知"的宾语,意思是"知道什么";例⑧的"谁"作"归罪"的宾语,意思是"归罪谁"。

疑问代词作介词的宾语一般也要前置。例如:

①谚曰:"谁为为之?孰令听之?"(司马迁《报任安书》)——谚语说:"为谁做呢?让谁听呢?"

②君奚为不见孟轲也?(《孟子·梁惠王下》)——您为什么不见孟轲啊?

③夫颛臾,昔者先王以为东蒙主,且在邦域之中矣,是社稷之臣也,何以伐为?(《季氏将伐颛臾》)——那颛臾,昔日先王让它做东蒙山的主祭人,况且在鲁国境内,这是国家的臣属,为什么攻打它呢?

④是以君子远庖厨也。(《齐桓晋文之事》)——因此君子是远离庖厨的。

例①的"谁"作介词"为"的宾语("孰"是"令"的前置宾语),意思是"为谁";例②的"奚"作介词"为"的前置宾语,意思是"为什么";③的"何"作介词"以"的前置宾语,意思是"为什么";例④的"是"作介词"以"的前置宾语,意思是"因此"。

2. 否定句中代词宾语前置

在否定句中,代词宾语经常置于谓语之前。例如:

①我无尔诈,尔无我虞。(《左传·宣公十五年》)——我不欺骗你,你不欺骗我。

②吾有老父,身死莫之养也。(《韩非子·五蠹》)——我有老父亲,我死了没有谁能赡养他。

③不患人之不己知,患不知人也。(《论语·学而》)——不担心别人不了解自己,担心不了解别人。

④是以后世无传焉,臣未之闻也。(《齐桓晋文之事》)——因此后世没有传下来,我没听说过。

⑤而良人未之知也。(《齐人有一妻一妾》)——可是丈夫不知道这情况。

例①的"尔""我"作动词"诈""虞"的前置宾语;例②的"之"作动词"养"的前置宾语。注意:这里的两个条件:一是否定句;二是代词作宾语。例③的"不患人之不己知"是否定句,代词"己"置于动词谓语"知"之前。而"患不知人也"虽然也是否定句,但"人"不是代词,所以放在"之"之后。例④的"之"放在"闻"之前作前置宾语。例⑤的"之"放在"知"之前作前置宾语。

谓语动词前有助动词或副词的时候,代词宾语可以置于动词前,也可以置于助动词或副词前。例如:

①保民而王,莫之能御也。(《齐桓晋文之事》)——让百姓生活安定,这样来用仁义统一天下,没有谁能抵抗他。

②民不足而可治者,自古及今,未之尝闻。(贾谊《论积贮疏》)——百姓粮食不够吃却能使他们安定的,从古到今,从来没听说过有这样的事情。

③自古及今,未尝之有也。(《墨子·节葬》)——从古到今,从来没有这样的事情。

④武王至殷郊,系堕。五人御于前,莫肯之为。(《吕氏春秋·不苟》)——武王到达殷都郊外的时候,袜带掉了。当时有五个大臣在身边服侍,没有谁肯替他系上袜带。

例①的"尔"放在助动词"能"之前;例②的"之"放在副词"尝"之前;例③的"之"放在副词"尝"之后;例④的"之"放在助动词"肯"之后。

3. 前置宾语用"是""之"等复指

在前置宾语和谓语之间有"之"或"是"等词,可以把这类词看作前置宾语的标记。例如:

①《诗》曰:"孝子不匮,永锡尔类。"其是之谓乎。(《郑伯克段于鄢》)——《诗经》上说:"孝子行孝道没有亏缺,上天就永远赐给你们福禄。"大概说道就是这种情况吧。

②吾以子为异之问,曾由与求之问。(《论语·先进》)——我以为您问别人,哪知道您问仲由、冉求。

③姜氏何厌之有!(《左传·隐公元年》)——姜氏哪有什么满足的时候!

④将虢是灭,何爱于虞。(《左传·僖公五年》)——将要灭掉虢国,对虞国还爱什么。

⑤今吴是惧而城于郢。(《左传·昭公二十三年》)——现在惧怕吴国而在郢筑城。

⑥岂不谷是为?先君之好是继。(《左传·僖公四年》)——难道是为了我,(不是,)是为了继承先君建立的友好关系。

⑦乔闻为国非不能事大字小之难,无礼以定其位之患。(《左传·昭公十六年》)——我听说治理国不担心不能侍奉大国安抚小国,担心的是没有礼仪来确定国家的地位。

例①的"之"复指前置宾语"是";例②的"之"复指前置宾语"异""由与求";例③的"之"复指前置宾语"何厌";例④的"是"复指前置宾语"虢";例⑤的"是"复指前置宾语"吴"。用"是""之"等复指的也可以是词组或短语。如例⑥的"是"所复指的前置宾语"不谷"是个名词,而"先君之好"是个偏正结构的词组;例⑦的"之"复指的前置宾语是"不能事大字小"和"无礼以定其位之患"。

上述例句中的"之""是"可以看作前置宾语的标记。古文中也有用"焉""斯""于"作标记的,但没有"之""是"常用。

(二)名词作状语

名词作状语是指普通名词、方位名词、时间名词直接放在动词谓语前作状语,名词作状语之所以要特别提出来加以介绍,一是因为在现代汉语中,普通名词、方位名词等一般不能直接放在动词谓语前作状语,经常是和介词组成介宾结构作状语;二是不了解名词作状语的特点,就很容易出现误解。

1.普通名词作状语

按照名词状语的作用,普通名词作状语有四种类型:
(1)表示行为的状态。例如:

①嫂蛇行匍伏。(《战国策·秦策》)——嫂子像蛇那样爬行匍伏在地上。

②少时,一狼迳去,其一犬坐于前。(蒲松龄《狼》)——一会儿,一只狼径直离去,其中一只狼像犬那样坐在屠户的前面。

③天下之士云合雾集,鱼鳞杂遝。(《史记·淮阴侯列传》)——天下之士像云、像雾那样汇合聚集,像鱼鳞那样堆积在一起。

④猬缩蠖屈,蛇盘龟息,以听命先生。(马中锡《中山狼传》)——像刺猬那样蜷缩,像蠖那样弯曲,像蛇那样盘曲,像龟那样屏息,来听从先生地安排。

表示行为状态的名词状语在句中有表示比喻的作用,可以翻译为"像……那样"。例①的"蛇"、例②的"犬"、例③的"云""雾""鱼鳞"、例④的"猬""蠖""蛇""龟"都是如此。

(2)表示行为的处所。例如:

①(天子)遣臣授君王印,剖符通使。君王宜郊迎。(《史记·陆贾列传》)——天子派遣我授予您印信,用符节通使。君王应该在郊外迎接。

②卒廷见相如,礼毕而归之。(《史记·廉颇蔺相如列传》)——最终在朝廷接见蔺相如,行完礼仪后让蔺相如回国。

③夫山居而谷汲者,媵腊而相遗以水。(《五蠹》)——在山上居住而到山谷取水吃的,媵、腊节日电时候把水当作礼物互相赠送。

④群臣吏民能面刺寡人之过者,受上赏。(《邹忌讽齐王纳谏》)——群臣吏民能当面批评为的过失的者,接受上等奖赏。

例①的"郊"、例②的"廷"、例③的"山""谷"、例④的"面"在句中表示行为的处所,翻译成现代汉语时一般都要加上介词"在",组成介词结构状语,例④的"面"可以翻译成"当面","当"也是介词,意思是"在我面前"。

(3)表示行为的凭依。例如:

①叩石垦壤,箕畚运于渤海之尾。(《愚公移山》)——敲石挖土,用箕畚运到渤海的边上。

②有好事者船载以入。(柳宗元《黔之驴》)——有个多事的人用船把驴运进黔。

③狼速去!不然,将杖杀汝。(马中锡《中山狼传》)——狼赶快离开!不然,将用杖杀死你。

④失期,法皆斩。(《陈涉世家》)——误了到达的时间,按照法令都要被斩首。

例①的"箕畚"、例②的"船"、例③的"杖"都是行为的用具,翻译时只要加上介词"用"就可以了。例④的"法"比较抽象,可以按照现代汉语词语搭配的规范翻译成"按照法律""依据法律"。

(4)表示行为的身份或对宾语的态度。例如:

①兵挫地削,亡其六郡,身客死于秦。(《史记·屈原列传》)——战败割地,失去了六郡,自己以外国人的身份死在秦国。

②齐将田忌善而客待之。(《史记·孙子吴起列传》)——齐将田忌认为孙膑有才能,像对待宾客那样对待他。

③君为我呼入,吾得兄事之。(《史记·项羽本纪》)——您为我把他叫进来,我要像侍奉兄长那样侍奉他。

④彼秦者……虏使其民。(《战国策·赵策》)——那秦

国……像对待奴隶那样役使它的百姓。

⑤馀年少,父事张耳,两人相与为刎颈之交。(《史记·张耳陈馀列传》)——我年纪小,像侍奉父亲那样侍奉张耳,两人成为刎颈之交的好朋友。

⑥学士皆师尊之。(《汉书·董仲舒传》)——学士都像对待老师那样尊敬他。

例①的"客"表身份。例②的"客"、例③的"兄"、例④的"虏"、例⑤的"父"、例⑥的"师"都是表示对宾语的态度,可以翻译成"像对待……一样"。

2. 方位名词作状语

方位名词作状语表示行为的趋向、位置或区域。例如:

①墨者东郭先生将北适中山以干仕。(马中锡《中山狼传》)——信奉墨子学说的东郭先生将向北到中山国去谋求做官。

②孟尝君予车五十乘,西游于梁。(《冯谖客孟尝君》)——孟尝君给(冯谖)五十乘车,向西到梁国游说。

③既东封郑,又欲肆其西封。(《烛之武退秦师》)——已经在东边把郑国作为疆界,又想扩张他西边的疆界。

④人君无道,则内暴虐百姓,而外侵欺其邻国。(《韩非子·解老》)——君王无道,在国内对百姓暴虐,在国外侵欺他的邻国。

例①的"北"、例②的"西"表趋向,可以翻译成"向……"。例③的"东"、例④的"内""外"表处所,可以翻译成"在……"。

3. 时间名词作状语

现代汉语中时间名词也可以直接放在谓语动词之前表示行为

变化的时间,但古代汉语时间名词作状语的时候意义比较复杂,要结合具体的语言环境理解和翻译。例如:

①君子博学而日参省乎己,则智明而行无过矣。(《劝学》)——君子广泛地学习并且每天反省自己。那么智慧就会精明,并且行动不犯错误。

②良庖岁更刀,割也;族庖月更刀,折也。(《庖丁解牛》)——好厨师每年更换一把刀,是因为他们用刀来切割,一般的厨师每月更换一把刀,是因为他们用刀来砍。

③其后楚日以削,数十年竟为秦所灭。(《史记·屈原列传》)——那以后楚国的领地一天天地被削小,数十年后,终于被秦国所灭。

④服事者简其业,而游学者日众。(《五蠹》)——从事耕战的人怠慢他们的事情,而游侠和儒士一天天多起来。

⑤日臣之使于楚也,子重问晋国之勇。(《左传·成公十六年》)——昔日下臣出使到楚国的时候,子重问起晋国的勇气。

⑥夫良马固车,使臧获驾之则为人笑,王良驾之则日取千里。(《韩非子·难势》)——那好马坚车,让奴隶驾驭它们就会被人讥笑,王良驾驭它们就会一日行走千里。

例①"日"、例②"岁""月"的意思是"每日""每年""每月"。例③、例④"日"是动态的,意思是"一天天地……"。例⑤"日"的意思是"往日",例⑥"日"的意思是"一日"。

(三)名词性补语

名词性补语是指名词、代词、名词性词组直接放在谓语后作补语。例如：

①臣与将军戮力而攻秦,将军战河北,臣战河南。(《史记·项羽本纪》)——我和将军合力攻秦,将军在黄河北边作战,我在黄河南边作战。

②齐桓公闻管子于鲍叔,楚庄闻孙叔敖于沈尹筮,审之也,故国霸诸侯也。(《吕氏春秋·察传》)——齐桓公从鲍叔那里听到管子的事,楚庄从鲍叔那里听到沈尹筮的事,并且仔细考查了他们,所以国家能在诸侯中称霸。

③君民者,岂以陵民? 社稷是主。臣君者,岂为其口实? 社稷是养。故君为社稷死则死之；为社稷亡则亡之。若为己死而为己亡,非其私,谁敢任之? 且人有君而弑之,吾焉得死之? 而焉得亡之? 将庸何归? (《左传·襄公二十五年》)——做百姓国君的人,难道是凭借他的地位侵凌百姓吗? 是为了主持国政。做国君臣下的人,难道是为了自己的俸禄吗? 是为了保护国家。所以国君为国家而死,那么(臣下)就为国君而死；国君为国家而逃亡,那么(臣下)就为国君而逃亡。如果(国君)为自己而死,为自己而亡,不是他个人宠爱的人,谁敢承担责任呢? 况且别人有了国君却杀死他,怎能为他去死? 怎能为他去逃亡?

④昔西伯拘羑里,演《周易》。(《史记·太史公自序》)——以前西伯被拘禁在羑里,推演出了《周易》。

⑤(朱家)专趋人之急,甚己之私。(《史记·游侠列传》)——(朱家)一心帮助别人解决急难,比自己的事还要急。

⑥皇帝仁圣,至今思慕未息,于官馆围池弋猎之乐未有所幸,大王宜夙夜念此,以承圣意。诸侯骨肉莫亲大王。(《汉书·王吉传》)——皇帝仁慈圣明,至今想念您的心情没有减

弱,没有留意馆阁囿池弋猎的享乐,大王您应该日夜思念这些,以不辜负皇上的情意。诸侯骨肉之中皇上对大王您更亲近。

例①的"河南""河北"作不及物动词"战"的补语,意思是"在黄河南边作战""在黄河北边作战";例②的"诸侯"作不及物动词"霸"的补语,意思是"在诸侯中称霸";例③的"之"作不及物动词"死""亡"的补语,意思是"为……死""为……亡";例④的"羑里(地名)"作及物动词"拘"的补语,意思是"被拘禁在羑里";例⑤的"己之私"作形容词"甚"的补语,意思是"比自己的事还要急";例⑥的"大王"作形容词"亲"的补语,意思是"对大王更亲"。如果不了解名词作补语的特点,就会感到句子不好理解。有时还容易误解,如例⑥的"亲大王"就很容易误解成"亲近大王"。

(四)句子成分的省略

句子成分省略是指在一定的语言环境中省略某些成分,这是古今汉语共有的现象,古代汉语中句子成分的省略不仅普遍,而且有些是古代汉语特有的。在阅读古文时,如果不能辨别句子中省略的成分,也不能准确地理解句子,在翻译古文的时候,如果不能补上被省略的成分,原文的意思也表达不清楚。例如:

①公使阳处父追之,及诸河,〔 〕则在舟中矣。(《左传·僖公三十二年》)——晋襄公派阳处父追赶他们,追赶到黄河岸边,〔他们〕已经在船上了。

②楚人为之,吴人及之。〔 〕奔,〔 〕食而从之。(《左传·定公四年》)——楚军做好饭,吴军追上了楚军。〔楚军〕逃奔,〔吴军〕吃完饭继续追击楚军。

③又闻沛公已破咸阳,项王大怒,使当阳君等击关。(《史记·项羽本纪》)——〔项王〕又听说沛公已经攻入咸阳,项王大怒,派当阳君等攻打函谷关。

④〔攻陈〕,陈守令皆不在,独守丞与〔　〕战谯门中。〔　〕弗胜,守丞死,〔　〕乃入据陈。(《史记·陈涉世家》)——〔陈涉〕攻陈,陈守令都不在,只有守丞与〔陈涉〕在谯门中作战。〔守丞〕打败了,守丞死,〔陈涉〕就占据了陈。

例①"则"前省略了主语(孟明等人);例②"本"前省略了主语"吴人";"食"前省略了主语"楚人";例③"又"前省略了主语"项王";例④"攻"前省略了主语"陈涉";"与"后省略了宾语"陈涉";"弗"前省略了主语"守丞";"乃"前省略了主语"陈涉"。

谓语是句子的核心成分,一般是不能省略的。但古代汉语中也有省略的情况。宾语、兼语都有省略的情况。例如:

①一鼓作气,再〔　〕而衰,三〔　〕而竭。(《左传·庄公十年》)——第一次击鼓振作士气,第二次〔击鼓〕〔士气〕已经衰落,第三次〔击鼓〕〔士气〕便泄尽了。

②〔　〕请京,〔　〕使〔　〕居之,〔　〕谓之京城大叔。(《郑伯克段于鄢》)——〔姜氏〕请求京这个地方,〔郑伯〕让〔共叔段〕居住在京,〔人们〕把他叫做京城大叔。

③左右以君贱之也,食〔　〕以草具。(《冯谖客孟尝君》)——手下的人以为孟尝君看不起冯谖,拿粗劣的食物给〔他〕。

④子厚与〔　〕设方计,悉令赎归。(韩愈《柳子厚墓志铭》)——子厚为〔百姓〕想方设法,都让他们赎回家。

例①"再""三"前省略了谓语动词"鼓";例②"请"前省略了主语"姜氏","使"前省略了主语"郑伯","使"后省略了兼语"段",

"谓"前省略了主语"人们";例③"食"后省略了宾语"之(冯谖)";例④"与"后省略了宾语"之(百姓)"。

古文追求简洁,可以说是"惜墨如金"。但上面这些情况在翻译为现代汉语时一般都应该把省略的句子成分补出来,否则文义就不清楚。

练习八

一、指出句中的前置宾语,并说明是属于哪种情况下的前置:

1. 信度何等已数言上,上不我用,即亡。(《韩信拜将》)
2. 许子奚为不自织?(《孟子·梁惠王上》)
3. 民不足而可治者,自古及今,未之尝闻。(贾谊《论积贮疏》)
4. 姜氏何厌之有?(《左传·隐公元年》)
5. 残贼公行,莫之或止。(贾谊《论积贮疏》)
6. 虽几于成,其用于人也奚取焉?(韩愈《答李翊书》)
7. 谏而不入,则莫之继也。(《晋灵公不君》)
8. 惟陈言之务去,戛戛乎其难哉!(《韩愈答李翊书》)
9. 天下不心服而王者,未之有也。(《孟子·离娄下》)
10. 桓公问管仲曰:"治国最奚患?"对曰:"最患社鼠矣。"(《韩非子·外储说右上》)
11. 行仁政而王,莫之能御也。(《孟子·公孙丑上》)
12. 楚君之惠,未之敢忘。(《左传·僖公二十八年》)
13. 汝将何以视天地。(韩愈《段太尉逸事状》)
14. 三岁贯女,莫我肯顾。(《诗·魏风·硕鼠》)
15. 臣实不才,又谁敢怨?(《左传·成公三年》)
16. 子是之学,亦为不善变矣。(《孟子》)
17. 武王见胶鬲,胶鬲曰:"西伯将何之?无欺我也!"武王曰:"不子欺,将之殷也。"(《吕氏春秋·贵因》)

18. 唇亡齿寒,其斯之谓与。(《穀梁传·僖公二年》)

19. 子不我思,岂无他人?(《诗经·郑风·褰裳》)

二、指出句中的名词状语,并说明在句中的意义:

1. 旦日飨士卒,为击破沛公军。(《史记·项羽本纪》)

2. 及寡人之身,东败于齐,西丧地于秦七百里,南辱于楚。(《孟子·梁惠王上》)

3. 项伯乃夜驰之沛公军。(《史记·项羽本纪》)

4. 豕人立而啼。(《左传·庄公八年》)

5. 夫以秦王之威,而相如廷斥之。(《史记·廉颇蔺相如列传》)

6. 君为我呼入,吾得兄事之。(《史记·项羽本纪》)

7. 吾日三省吾身。(《论语·学而》)

8. 失期,法皆斩。(《史记·陈涉世家》)

9. 良庖岁更刀,割也;族庖月更刀,折也。(《庄子·养生主》)

10. 潭西南而望,斗折蛇行,明灭可见。(柳宗元《小石潭记》)

11. 以千百就尽之卒,战百万日滋之师。(韩愈《张中丞传后叙》)

12. 彼秦者,虏使其民。(《战国策·赵策》)

13. 乃病免家居。(《史记·陆贾列传》)

14. 四人者年老矣,义不为汉臣。(《史记·留侯世家》)

15. 徒多道亡。(《汉书·高帝纪》)

16. 嫂蛇行匍伏。(《战国策·秦策》)

17. 少时,一狼迳去。其一犬坐于前。(《聊斋志异·狼》)

18. 操刀挟盾,猱进鸷击。(《清稗类钞·冯婉贞胜英人于谢庄》)

19. 今而后知君之犬马畜伋。(《孟子·万章下》)

20. 馀年少,父事张耳,两人相与为刎颈之交。(《史记·张耳

陈馀列传》)

21. 群臣有后应者,臣请剑斩之。(《汉书·霍光传》)

三、说明下列句中主语、宾语的省略现象:

1. 客从外来,与坐谈。(《邹忌讽齐王纳谏》)

2. 虽然,每至于族,吾见其难为,怵然为戒,视为止,行为迟。(《庖丁解牛》)

3. 使子路反见之,子路至,则行矣。(《论语·微子》)

4. 孝公用商鞅之法,移风易俗,民以殷盛,国以富强。(李斯《谏逐客书》)

5. 女娲炼五色石以补苍天,断鳌足以立四极,杀黑龙以济冀州,积芦灰以止淫水。(《淮南子·女娲补天》)

6. 邴夏曰:"射其御者,君子也。"(《左传·成公二年》)

7. 季氏以公鉏为马正,愠而不出。(《左传·襄公二十三年》)

8. 阳货欲见孔子,孔子不见,归孔子豚。孔子时其亡也,而往拜之,遇诸涂。谓孔子曰:"来!予与尔言。"曰:"怀其宝而迷其邦,可谓仁乎?"曰:"不可。好从事而亟失时,可谓知乎?"曰:"不可。日月逝矣,岁不我与。"孔子曰:"诺,吾将仕矣。"(《论语·阳货》)

九　古文的标点和今译

学习要点：
1. 掌握古文标点和今译的要求
2. 了解古文标点和今译常见的错误类型
3. 学会辨析古文标点和今译中出现的错误
4. 掌握古文今译的方法
5. 利用工具书完成课后练习

（一）古文的标点

　　一般来说，现在我们阅读的古文都是有标点的。如果不是研究需要，很少有人去阅读没有标点的白文。但我们所看到的古文中的标点都是后人加的，其中可能会出现错误，遇到标点错误的情况，句子就很难理解，这时候就需要用古文标点的知识来检查和解决问题。如果进行某项研究时需要查阅古代文献，就不能不看白文，这就更需要古文标点的知识。

　　学习古文标点，首先要了解标点古文的要求，了解古文标点中常见的错误类型,了解标点古文的方法,以便运用这些知识辨析古文标点中的错误。

1. 标点古文的要求

标点古文的要求主要有三点:标点后的句子要符合情理;标点后的句子要讲得通;标点必须符合当时的语言规范和相关的典章制度。

(1)标点后的句子要符合情理。

文章中的句子总是反映着一定的事理,如果说我们今天读到的古文中有不合情理的句子,那么这里可能就有标点的错误。例如:

> 周有泉府之官,收不售与欲得,即《易》所谓"理财正辞,禁民为非"者也。(《资治通鉴》卷三七)

这段话中"收不售与欲得"字面意思是"收购卖不出去的和想得到的",如果说主管经济的泉府这样调节市场——什么都收购到官府,那市场也就没有了,这明显不合情理。我们检查一下这句话的标点,如果在"不售"后面加一个逗号,句子的意思就变成了"收购卖不出去的,供给想得到的",意思就通顺了,并且与泉府调节市场的目的"理财正辞,禁民为非"完全相符。

(2)标点后的句子要讲得通。

我们今天阅读的古文多是经过历史检验的经典,如果有讲不通的句子,这个句子的标点可能会有问题。例如:

> 世儒学者,好信师而是古,以为圣贤所言,皆无非专讲精习,不知难问。(《论衡·问孔》)

这段话是东汉著名思想家王充批评当时的学者"好信师而是古"的毛病——相信老师,认为古人都是正确的。但按照现在的标点,"皆无非专讲精习,不知难问"都成了世儒学者"以为圣贤所言"的内容,不仅于情理不合,并且"所言"和"不知难问"在语言上也不能搭配。所以这里的标点有错误:第一,不该断的地方断开了;第二,该断开的地方没有断开。如果把"言"后的逗号放在"非"后——"以为圣贤所言皆无非,专讲精习,不知难问",意思就很清楚了。正因为世儒学者认为圣贤说的都没有错误,所以才"好信师而是古"。"专讲精习,不知难问",正是"信师而是古"的具体表现。

(3)标点后的句子必须符合当时的语言规范和相关的典章制度。

标点后的句子必须符合当时的语言规范和相关的典章制度,这是标点古文的根本原则,也是判断古文标点正误的最重要的标准。有的句子,表面看,似乎也讲得通,也符合情理,但并不符合当时的语言规范或典章制度,这样的错误也要纠正。例如:

①项籍少时,学书不成,去学剑,又不成。(《史记·项羽本纪》某选本)

这段话的意思是"项羽年轻时,学习书法不成功,去学剑,又不成功"。表面看,似乎没有什么问题。但"去"在秦汉时代没有"前往"的意思,只有"离开"之类的意思。按照当时的词义来理解,"去学剑,又不成"——"放弃学剑,又不成功",句子就不通了。正确的标点应该是:

项籍少时,学书不成,去;学剑,又不成。(《史记·项羽本纪》)

再如:

厩焚。子退朝。曰:"伤人乎?"不问马。

这段话的意思是:"马厩失了火。孔子从朝廷回来,问道:'伤人了吗?'不问马。"唐代陆德明在《经典释文》中说:"一读至'不'

字绝句。"这样,这段话又会出现两种断句:

①厩焚。子退朝。曰。伤人乎不? 问马。
②厩焚。子退朝。曰。伤人乎? 不。问马。

这两种断句虽然略有不同,但基本意思是一致的,都要把"问马"的意思表达出来。在他们的观念中,孔子是圣人,至仁至爱,不应该只问人,不问马。这愿望虽然好,但先秦的语言中既没有"乎不"连用的说法,也没有用"不"作为单独一句的句式,所以,这样的断句是不对的。

又如:

军州诸曹官录事,参军居首,称都曹。(《苏轼诗集》,中华书局1982年版,第1837页)

《宋史·职官志》记载:"户曹参军掌户籍赋税,仓库受纳;司法参军掌议法断刑;司理参军掌讼狱勘鞫之事。""录事参军掌州院庶务,纠诸曹稽违。"这里的意思很清楚,"录事参军"是一个官名,不能断开。宋代分科办事的官署或部门称为"曹",所以"诸曹官"后应该断开。正确的标点应该是:

军州诸曹官,录事参军居首,称都曹。

2. 古文标点中常见的错误类型

古文标点中常见的错误类型主要有两种:一是断句错误;二是标点符号使用不当。

(1) 断句错误

主要有三种情况。

1) 当断而未断

应该加标点的地方没有加标点,把两句话并成了一句话,改变了句子的原意。例如：

> 诸垒相次土崩，悉弃其器甲，争投水死者十余万，斩首亦如之。(《资治通鉴》卷一四六)

曹军将士"争投水"是为了逃命，按照现在的标点，"争投水"是为了去死，与原意不合。正确的标点是：

> 诸垒相次土崩，悉弃其器甲，争投水，死者十余万，斩首亦如之。

又如：

> 孔子之丧有自燕来观者，舍于子夏氏。子夏氏曰："圣人之葬人与人之葬圣人也。子何观焉？"(《礼记·檀弓上》)

那个燕国人到鲁国来看什么？看孔子的丧葬。子夏认为这是一般的人葬圣人，没什么值得看到。由于"圣人之葬人与人之葬圣人"中间没有断开，句子的意思成了"圣人葬人和人葬圣人"，"子何观焉？"就成了问燕人看什么。孔子已经死了，不可能有"圣人葬人"的情况。正确的标点应该是在"与"后加一个问号：

> 孔子之丧有自燕来观者，舍于子夏氏。子夏氏曰："圣人之葬人与？人之葬圣人也。子何观焉？"

2) 不当断而断

不应该加标点的地方加了标点，把一句话分成了两句话。例如：

> 李当尚书镇南梁，境内有朝士庄产，子孙侨寓其间，而不肖者相效为非。……当严明有断，处分宽，织篾笼，召其尤者……遂命盛以竹笼，沉于汉江。(《唐语林·政事》)

李当尚书把境内"相效为非"者"盛以竹笼，沉于汉江"，这样严酷的惩处还说是"处分宽",不免令人无法理解。这种解释实际上是因为把不该断开的句子断开造成的。如果把"宽"后的逗号去掉,意思就通顺了。"处分宽织篾笼"——吩咐多织篾笼,正好与下文相接。

3)当断而未断与不当断而断混合在一起

这种情况是把两个句子中间的标点加错了地方,应该加标点的地方没有加,不应该加标点的地方却加了。例如:

问今是何世,乃不知有汉,无论魏晋。此人一一为具言,所闻皆叹惋。(《桃花源记》)

"所闻"的意思是"听到的事情",按照现在的标点,它却充当"皆叹惋"的主语,这完全讲不通。出现这种难以理解的原因是标点点错了地方,不该加逗号的"具言所闻"加了逗号,"所闻"之后应该加逗号,却没有加。正确的标点是:

问今是何世,乃不知有汉,无论魏晋。此人一一为具言所闻,皆叹惋。

(2)标点符号使用不当

古文是没有标点符号的,古人撰文也没有断句。因此,学生入学第一年首先要学习"离经辨志"。所谓"离经",就是断句;所谓"辨志",就是理解文句的内容。

古人断句使用的符号是"句读"。古人读书时,在一句话结束的地方加一个"√""○"或圆点,称为"句";在一句话没有结束,但阅读时需要停顿的地方加一个"、"号,称为"读"(音 dòu),合称为"句读"。

句读和现代使用的标点符号是不同的。句读只是断句的符号,它表示的是句子的起讫和语气的停顿;而标点符号不仅表示句子的起讫、语气的停顿,还表示句子之间的关系和语气的特点。断

句虽然正确,但使用的标点符号不对,句子也无法理解。例如:

①綦毋张丧车,从韩厥曰:"请寓乘,从左右。"皆肘之,使立于后。(王伯祥《春秋左传读本》,第250页)

②兴元中,有僧曰法钦,以其道高,居径山。时人谓之径山长者。(《唐语林》,上海古籍出版社1978年版,第10页)

例①的"从左右"应该放在引号外,因为它是綦毋张上车后的动作,是"皆肘之,使立于后"的由来。如果作为綦毋张的请求,"皆肘之"就没有着落。例②的"法钦"被人们称为"径山长者"的原因有二:一是道高;二是居径山。因此"居径山"后的句号应该改为逗号,如果是句号,"居径山"就成了"道高"的结果。

3. 辨析古文标点的方法

严格说,标点古文没有什么灵验的方法可言。要正确地标点古文,需要具有古代汉语、古代文化各个方面的知识,决不是了解几条方法就可以解决的。但标点古文也有一定的思路和步骤,从学习的角度说,掌握标点古文的思路和步骤是重要的,不然就无从下手。

由于我们阅读的多是有标点的古文,所以这里主要介绍一下辨析古文标点的方法。

古文标点反映了标点者对文章的理解。不同的理解产生不同的标点,不同的标点表现出不同的文义。例如:

弘农张伯英者因而转精其巧,凡家之衣帛,必先书而后练之。临池学书,池水尽墨。下笔必为楷则,常曰:"匆匆不暇草书。"寸纸不见遗,至今世尤宝其书,韦仲将谓之"草圣"。(卫恒《四体书势》)

对"匆匆不暇草书",至今仍有两种完全不同的解释,这两种不同的解释源于不同的标点：

①匆匆不暇,草书。

②匆匆,不暇草书。

按照第一种标点,句子的意思是"匆匆没有时间,写草书";按照第二种标点,句子的意思就是"匆匆,没有时间写草书",意思完全相反。由于这两种标点都可以成立,文章本身和语言规范等方面都没有提供解决问题的条件,到底采用哪种标点就靠读者自己的经验了。不过我们要辨析的标点多数并不存在正误莫衷一是的问题,其正误应该是很清楚的。

辨析古文标点可以分两步进行:第一,对译文句,理解文章;第二,找讲不通的句子,看是否存在标点符号的问题。例如刘禹锡《送鲁周儒赴举诗引》中有这样一段话：

原文:(昼居外次,晨门曰:"有九疑生持一刺来谒,立西阶以须。"生危冠方袂,浅拱舒拜,)且前致词,称赞其文颇涉猎前言。

译文:(九疑生)上前致词,奉上见面礼他的文章很(多地方)吸收了前人的话。

这段文章的最后一句话难以理解。从句子关系上看,"生危冠方袂,浅拱舒拜,且前致词,称赞其文颇涉猎前言"时间上是前后关系。前边说的是九疑生的装束及见到刘禹锡之后的言行,后边说的是刘禹锡对九疑生文章的看法。后边的"称赞"是九疑生的行为,所以应该放在"致词"之后,正确的标点是：

且前致词称赞,其文颇涉猎前言。

又如《资治通鉴》上有这样一段话(见中华书局1956年版,第3724页)：

原文:(徐羡之……沉密寡言,不以忧喜见色。)颇工弈棋、观戏,常若未解,当世倍以此推之。

译文:特别精通下棋、观看下棋,经常像不懂的样子,当世更加因此推崇他。

原文的标点者把"戏"误解为戏剧,所以在"戏"后断句。即使按照"戏"在句中的意义对译为"观看下棋",句子也有问题。精通下棋好理解,精通观看下棋就很难理解了。如果联系到人们因此更加推崇他,就更难理解了。推崇他什么呢?按照现在的标点,人们是因为他"精通下棋、观看下棋,经常像不懂的样子"而推崇他,很难理解。这里的标点有问题。如果把"观戏"后的逗号去掉,就文通字顺了——"精通下棋,在观看下棋时经常像不懂似的"。这样人们推崇他的"不以忧喜见色"的意思就很清楚了。

这里要特别强调的是,不论是标点古文还是辨析古文标点,一定要先反复阅读原文,透彻地理解文义。在以往古文标点教学中最常见的问题就是还没有把全文阅读一遍,连文章的大意都没了解,就顺着自己的感觉随手加标点符号,加完就万事大吉。这样的标点即使错误百出,自己也无法检查,因为文章已经被点乱了,在这"乱"的引导下,自己的思路也跟着乱了。

(二)古文今译

古文今译是指把古文翻译成现代汉语。古文今译的过程是进一步理解古代汉语知识,并运用其解决阅读障碍的过程,所以古文今译既是学习古代汉语的一个重要方法,也是检测阅读古文能力和水平的重要手段。提高古文今译水平的根本途径当然是大量阅读和翻译古文,但具备一定古文今译的知识对较快提高翻译水平也是很重要的。

1. 古文今译的要求——信、达、雅

古文今译的要求一般归纳为信、达、雅。

(1)"信"是指译文要准确地反映原作的意思,不要曲解原文的内容。例如:

原文:厉王　虐,国　人　谤　王。(《召公谏弭谤》)
误译:周厉王暴虐,国内的人诽谤厉王。

这段译文有两处不准确,没有达到"信"的要求。一是句中的"国"指国都,"国人"指国都里的人,不能译成"国内的人"。二是"谤"指公开批评,没有贬义。而现代汉语中的"诽谤"是贬义词,指无中生有、别有用心的恶意攻击。禁止别人批评是不对的,但制止恶意诽谤是应该的。这句话应译为"周厉王暴虐,国都里的人批评厉王"。

(2)"达"是指译文应该通顺、晓畅,符合现代汉语语言规范。换句话说,译文的意思与原文相符,但句子不通顺,不符合现代汉语语言规范,这就不合乎"达"的要求。例如:

原文:永州之野产异蛇,黑质而白章。触草木,尽死。(柳宗元《捕蛇者说》)
译文:永州的野外出产奇异蛇,黑底而白花。异蛇触草木,草木全尽死。

这一段译文意思与原文一致,但句子十分拗口。"奇异蛇""黑底而白花""全尽死"等,都不符合现代汉语表达习惯。"异蛇""触"也应该翻译,意思才更清楚。这段话可译为:"永州的郊野生长一种怪蛇,黑色的皮上带有白色斑纹。它碰到草和树木,草和树木都会死去。"

"信"和"达"是紧密相关的。脱离了"信"而求"达",不能称

为翻译;只求"信"而不顾"达",也不是好的译文。因此"信"和"达"是古文今译的基本要求。

(3)"雅"是指译文不仅准确、通顺,而且生动、优美,能再现原作的风格神韵。这是很高的要求,在初学阶段,我们只要能做到"信"和"达"就可以了。

2. 古文今译的方法

古文今译有直译和意译两种方法。

(1)关于直译

所谓直译,是指紧扣原文,按原文的字词和句子进行对等翻译的方法。它要求忠实于原文,确切地表达原意。例如:

> 原文:樊迟请学稼,子曰:"吾不如老农。"请学为圃。子曰:"吾不如老圃。"(《论语·子路》)
> 译文:樊迟请求学种庄稼。孔子道:"我不如老农。"又请求学种菜蔬。孔子说:"我不如老圃。"

上面的译文紧扣原文,字词落实,句子结构基本上与原文一样,可以说符合"信"和"达"的要求。

但对直译不能作简单化的理解。由于古今汉语在文字、词汇、语法等方面的差异,今译时对原文作一些适当的调整或增补也是必要的。例如:

> 原文:逐之,三周华不注。(《鞌之战》)
> 译文:[晋军]追赶齐军,围着华不注山绕了三圈。

译文在"追赶"前补上了省略的主语"晋军",按照现代汉语的表达习惯,把状语"三"调整为补语。如果拘泥于原文,译成"追赶齐军,三圈围绕华不注山",就不符合"达"的要求。

(2)关于意译

所谓意译,是指在透彻理解原文内容的基础上,为体现原作神韵风貌而进行整体翻译的今译方法。这种方法多用来翻译诗歌。例如:

> 原文:凌余陈兮躐余行,
> 　　　左骖殪兮右刃伤。
> 　　　霾两轮兮絷四马,
> 　　　援玉枹兮击鸣鼓。
> 　　　天时坠兮威灵怒,
> 　　　严杀尽兮弃原野。(《楚辞·九歌·国殇》)
> 译文:阵势冲破乱了行,
> 　　　车上四马,一死一受伤。
> 　　　埋了两车轮,不解马头缰,
> 　　　擂得战鼓咚咚响。
> 　　　天昏地黑,鬼哭神号,
> 　　　片甲不留,死在疆场上。(郭沫若《屈原赋今译》)

由上面的译文可以看出,意译不强求字、词、句的对等,而着重从整体上表达原作的内容,力求体现原作的风采神韵,译法比直译灵活自由。但对学习古文今译来说,应该坚持用直译的方法做翻译练习,只有这样,才能切实提高阅读古文的水平。

3. 古文今译的步骤

对初学者来说,古文今译应该分两步进行。第一是对译;第二是调整。

(1)对译

对译是按原文词序,逐字逐句地进行翻译。这是直译最基本的方法,也是直译的第一个步骤。古今汉语词序一致、句法结构相同的句子,今译时不用改变原句词序,只要从现代汉语中选择恰当的词语来翻译原句中的字词就可以了。例如:

原文:齐师伐我。公将战,曹刿请见。(《曹刿论战》)

译文:齐国军队攻打我国。庄公将要应战,曹刿请求接见。

对译的好处是逐字逐句落实,可以避免漏译——漏译是初学时经常出现的问题。由于古今汉语句子结构的相同之处很多,所以凡是能够对译的地方都要对译。

(2)调整

由于古今汉语的差异,对译后有的句子会有意思表达还不够清楚和不通顺等问题,这就需要按照现代汉语要求进行调整。调整的方法主要是移位,即改变句子成分的位置和增补等。

1)移位

移位是指古代汉语的某些词序或表达方式与现代汉语不同,翻译时要按现代汉语表达习惯移动词语位置。例如:

①原文:无适小国,将不女容焉。(《郑杀申侯以说于齐》)

对译:不要到小国去,(小国)是不会你容纳的。

移位:不要到小国去,(小国)是不会容纳你的。

②原文:谁为为之?孰令听之?(司马迁《报任安书》)

对译:谁为做事?谁让听我的?

移位:为谁做事?让谁听我的?

③原文:邴夏御齐侯。(《鞌之战》)

对译:邴夏驾车为齐侯。

移位:邴夏为齐侯驾车。

④原文:晋侯饮赵盾酒。(《晋灵公不君》)

对译:晋侯饮赵盾酒。

移位:晋侯让赵盾饮酒。

⑤原文:先生不羞,乃有意欲为收责于薛乎?(《冯谖客孟尝君》)

对译:先生不羞耻,竟然有意想为我收债到薛地吗?

移位:先生不觉得羞耻,竟然有意想为我到薛地收债吗?

例①的"女"是前置宾语,翻译时要调到动词"容"的后面。例②的"谁""孰"是疑问代词作前置宾语,翻译时要移到介词"为"和动词"令"后面。例③的"御齐侯"也是一种特殊的组合关系,"齐侯"不是行为"御"的对象,翻译时词序应调整为"给齐侯驾车"。例④中"饮"与"赵盾"之间是古汉语特有的动宾关系——使动用法,今译时,词序应调整为"使赵盾饮酒"。例⑤的"羞"是意动用法,"于薛"是补语,翻译时要调为状语。

2) 增补

增补是指古代汉语省略或表达过于简古的地方,今译时要作必要的增补。例如:

原文:一鼓作气,再而衰,三而竭。(《曹刿论战》)

对译:第一次击鼓振作士气,第二次衰落,第三次便泄尽了。

增补:第一次击鼓振作士气,第二次〔击鼓〕〔士气〕已经衰落,第三次〔击鼓〕〔士气〕便泄尽了。

原文在"再""三"之前承前省略了谓语动词"鼓",在"衰""竭"前面省略了主语"士气"。翻译时分别补出"击鼓"和"士气",这样才能使语意清楚。

增补词语时应该慎重,要"惜字如金",只有在不增补词语原意就无法表达清楚的情况下,才能增补。

3)删减

与"增补"相反,删减是指原文中个别词语可以删掉不译。古文中某些表达方式和某些虚词,现代汉语中已不再使用,也没有类似的句法结构和相应的虚词,遇到这种情况,只要译文已把原文的意思表达清楚了,个别词语可以不译。例如:

原文:狼度简子之去远。(马中锡《中山狼传》)

译文:狼估计赵简子已经走远了。

原文"简子"和"去远"之间的助词"之"字取消句子独立性,现代汉语没有相应的表达方式,可以不译。

调整是在对译的基础上进行的。在初学时,对译是最基本的训练,这样做看似笨些,但与初学者的水平是配套的。当水平有所提高,上述两个步骤都可以在大脑中完成的时候,自然可以一下子把古文翻译成现代汉语。

翻译时还有一点需要注意,就是原文中有些词语要直接保留在译文中。如一些表示已经消失的古代事物的词语,诸如人名、国名、历史地名、民族名及官号、年号、谥号、特殊称谓、特殊学术用语以至专业术语等,一般都可保留不译。例如:

①原文:初,郑武公娶于申,曰武姜,生庄公及公叔段。(《郑伯克段于鄢》)

译文:当初,郑武公从申国娶妻,称为武姜,生下庄公和公叔段。

②原文:子厚以元和十四年十一月八日卒,年四十七。(《柳子厚墓志铭》)

译文:子厚在元和十四年十一月八日逝世,享年四十七岁。

③原文:道可道,非常道。(《老子》)

译文:"道"可以用言词表达的,就不是"常道"。

原文①中的人名、国名都保留不译;原文②中的"子厚"是柳宗元的字,"元和"是唐宪宗年号,也保留不译;原文③中的"道""常道"都是具特定含义的哲学概念,也保留原貌。

4. 古文今译常见的错误

古文今译常见的错误有以下几种:
(1)因不了解字词在句中的意思而造成误译

由于不明用字通假、古今字、词的本义和引申义、古义与今义、单音词与复音词等字词问题而造成的误译,在古文今译的错误中占很大比重。例如:

①齐国虽褊小,吾何爱一牛。(《齐桓晋文之事》)
②先帝不以臣卑鄙,猥自枉屈,三顾臣于草庐之中。(诸葛亮《出师表》)

"爱"字在古代有两个常用义项,一是亲爱义,古今相同;一是吝惜义,今已消失。例①中的"爱"字正是吝惜义。"吾何爱一牛"应译为"我怎么会吝惜一头牛",如果不明古义,就会误译为"我怎么会喜爱一头牛"。例②的"卑鄙"是个词组。"卑"是卑下,指身份低微;"鄙"是鄙陋,指知识浅薄。可译为"地位低下,见识浅陋"。如果把这个词组理解为现代汉语的双音节词,就会误译成道德品质恶劣的意思了。

(2)因不了解语法修辞造成的误译

这类错误也很多。例如:

①孔子登东山而小鲁。(《孟子·尽心上》)
②少时,一狼径去,其一犬坐于前。(蒲松龄《狼》)

例①的"小"是形容词的意动用法,如果不理解,就会译为"小了鲁国"。这句应译为"孔子登上东山而觉得鲁国变小了"。例②的"犬"是名词用作状语,不理解就会误译为"其中一条狗坐在前面"。

(3)因不了解古代生活与典章制度而误译

缺乏古代文化常识,不了解古代社会生活,也会造成误译。例如:

①故有所览,辄省记。通籍后,俸去书来,落落大满。(袁枚《黄生借书说》)

②董生举进士,连不得志于有司。(韩愈《送董邵南序》)

例①的"通籍",意思是做官。古代中进士取得做官资格称"通籍",意为朝廷中有了名籍。不了解就会误译为"精通书籍"。例②的"举进士"是"被推举参加进士科考试"。如果不了解唐代的科举制度,就会误译为"中了进士"。

不认真阅读、分析原文,是产生误译的重要原因。所以要想准确通顺地翻译古文,最重要的是结合上下文准确地理解每一个词。

练习九

一、阅读下列原文和译文,译文如有错误请改正并说明属于哪方面的错误:

1.原文:(渔人)既出,得其船,便扶向路,处处志之,及郡下,诣太守,说如此。太守即遣人随其往,寻向所志,遂迷,不复得路。(陶渊明《桃花源记》)

译文:渔人既然出来了,就得到了一条船,于是沿着来时的路(返回),一处一处地作了标记。到了武陵郡,找到太守,报告了这个(情况)。太守马上派人跟着他前往,寻找前进方向的标记,找不到,没有再找到路。

2.原文:天行有常,不为尧存,不为桀亡。应之以治则吉,应之以乱则凶。强本而节用,则天不能贫;养备而动时,则不能病;脩道而不贰,则天不能祸。(《天论》)

译文:大自然的运行有常规,不因为尧而存在,不因为桀而灭亡。用治理来适应它就吉祥,用动乱来适应它就凶险。加强农业生产并且节约用度,天就不能贫穷;生活给养完备并且按季节活动,天就不能生病;注意道德修养并且始终如一,天就不能降下灾祸。

3.原文:荆人欲袭宋,使人先表澭水。澭水暴益,荆人弗知,循表而夜涉,溺死者千有余人,军惊而坏都舍。向其先表之时可导也,今水已变而益多矣,荆人尚犹循表而导之,此其所以败也。(《吕氏春秋·察今》)

译文:楚国人想袭击宋国,派人先在澭水里树立标记。澭水突然涨水,楚国人不知道,顺着标记在夜晚徒步过河,淹死的人有一千多,军中惊骇的声音如同都邑里的房屋崩塌一样。以前他们先在澭水里树立标记的时候,(标记)可以引导涉水,现在水已变化涨了很多,楚国人还顺着标记涉水,这就是他们失败的原因。

4.原文:予尝求古仁人之心,或异二者之为,何哉?不以物喜,不以己悲。居庙堂之高,则忧其民;处江湖之远,则忧其君。是进亦忧,退亦忧。然则何时而乐耶?其必曰:"先天下之忧而忧,后天下之乐而乐"与?噫,微斯人,吾谁与归!(范仲淹《岳阳楼记》)

译文:我曾经探求古代仁人的心情,他们或许与(前面说的)两种情况不同。这是为什么呢?(因为他们)不因外界事物而欣喜,也不因个人失意而悲伤。在朝廷做官,就为老百姓忧愁,退隐到民间,就替君主忧愁。这就是上进也忧愁,后退也忧愁。那么(他们)什么时候才快乐呢?他们一定会说:在天下人忧愁之前就忧愁,在天下人快乐之后才快乐吧!唉,不是这样的人,我和谁同道呢?

5. 原文:夫物不产于秦,可宝者多;士不产于秦,而愿忠者众。今逐客以资敌国,损民以益雠,内自虚而外树怨于诸侯,求国无危,不可得也。(李斯《谏逐客书》)

译文:物品不出产在秦国,但是值得宝爱的很多;士不出生在秦国,但愿意效忠的很多。现在驱逐客卿来资助敌国,损害百姓来使仇敌得到好处,对内自己虚弱而对外和诸侯国结下怨恨,这样来求得秦国没有危险,是做不到的。

6. 原文:夫日月之有蚀,风雨之不时,怪星之党见,是无世而不常有之。上明而政平,则是虽并世起,无伤也。上暗而政险,则是虽无一至者,无益也。(《天论》)

译文:日月有时亏缺,刮风下雨不合时节,怪星偶然出现,这没有哪个时代不经常发生的。统治者贤明并且政治安定,这些(怪现象)同时发生也没有(什么)损害,统治者昏暗,政治险恶,那么这些怪现象,即使一次不发生,也没有益处。

7. 原文:陈相见孟子,道许行之言曰:"滕君,则诚贤君也;虽然,未闻道也。贤者与民并耕而食,饔飧而治。今也,滕有仓廪府库,则是厉民而以自养也,恶得贤?"(《许行》)

译文:陈相来看孟子,转述许行的话说:"滕君倒确实是贤明的君主,虽然没听到过道理。贤明的人和人民一起耕种才吃饭;自己做饭吃,同时治理国家。如今滕国有储粮食的仓廪,存财物的府库,这是损害人民来奉养自己,怎么能得到贤人呢?"

二、翻译下列古文,并说明句中的词类活用、前置宾语、名词状语:

1. 子谓公冶长:"可妻也。虽在缧绁之中,非其罪也。"以其子妻之。(《论语·公冶长》)

2. 公山弗扰以费畔,召,子欲往,子路不说,曰:"末之也已,何必公山氏之之也。"子曰:"夫召我者,而岂徒哉? 如有用我者,吾其为东周乎?"(《论语·阳货》)

3. 子张问于孔子曰:"何如斯可以从政矣?"子曰:"尊五美,屏四恶,斯可以从政矣。"子张曰:"何谓五美?"子曰:"君子惠而不费,劳而不怨,欲而不贪。泰而不骄,威而不猛。"子张曰:"何谓惠而不费?"子曰:"因民之所利而利之,斯不亦惠而不费乎? 择可劳而劳之,又谁怨? 欲仁而得仁,又焉贪? 君子无众寡,无小大,无敢慢,斯不亦泰而不骄乎? 君子正其衣冠,尊其瞻视,俨然人望而畏之,斯不亦威而不猛乎?"子张曰:"何谓四恶?"子曰:"不教而杀谓之虐;不戒视成谓之暴;慢令致期谓之贼;犹之与人也,出纳之吝,谓之有司。"(《论语·尧曰》)

4. 仲尼居,曾子侍。子曰:"先王有至德要道,以顺天下。民用和睦,上下无怨。汝知之乎?"曾子避席曰:"参不敏,何足以知之?"子曰:"夫孝,德之本也,教之所由生也。复坐,吾语汝。身体发肤,受之父母,不敢毁伤,孝之始也。立身行道,扬名于后世,以显父母,孝之终也。夫孝,始于事亲,中于事君,终于立身。《大雅》云:'无念尔祖,聿修厥德。'"(《孝经·开宗明义章》)

5. 孟子曰:"欲贵者,人之同心也。人人有贵于己者,弗思耳矣。人之所贵者,非良贵也。赵孟之所贵,赵孟能贱之。"(《孟子·告子上》)

6. 何谓人情? 喜、怒、哀、惧、爱、恶、欲,七者弗学而能。何谓人义? 父慈、子孝、兄良、弟弟、夫义、妇听、长惠、幼顺、君仁、臣忠,十者谓之人义。讲信修睦,谓之人利。争夺相杀,谓之人患。故圣人之所以治人七情,修十义,讲信修睦,尚辞让,去争夺,舍礼何以治之? 饮食男女,人之大欲存焉。死亡贫苦,人之大恶存焉。故欲、恶者,心之大端也。人藏其心,不可测度也。美恶皆在其心,不

见其色也,欲一以穷之,舍礼何以哉?(《礼记·礼运》)

7. 夫鼎有铭,铭者自名也,自名以称扬其先祖之美,而明著之后世者也。为先祖者,莫不有美焉,莫不有恶焉。铭之义,称美而不称恶,此孝子孝孙之心也,唯贤者能之。铭者,论撰其先祖之有德善、功烈、勋劳、庆赏、声名,列于天下,而酌之祭器,自成其名焉,以祀其先祖者也。显扬先祖,所以崇孝也。身比焉,顺也。明示后世,教也。《礼记·祭统》

8. 夫铭者,壹称而上下皆得焉耳矣。是故君子之观于铭也,既美其所称,又美其所为。为之者,明足以见之,仁足以与之,知足以利之,可谓贤矣。贤而勿伐,可谓恭矣。(《礼记·祭统》)

9. 所谓诚其意者,毋自欺也。如恶恶臭,如好好色,此之谓自谦。故君子必慎其独也。小人闲居为不善,无所不至,见君子而后厌然,掩其不善而著其善。人之视己,如见其肺肝然,则何益矣!此谓诚于中,形于外,故君子必慎其独也。(《礼记·大学》)

10. 所谓平天下在治其国者:上老老而民兴孝,上长长而民兴弟,上恤孤而民不倍,是以君子有絜矩之道也。所恶于上,毋以使下;所恶于下,毋以事上;所恶于前,毋以先后;所恶于后,毋以从前;所恶于右,毋以交于左;所恶于左,毋以交于右。此之谓絜矩之道。《诗》云:"乐只君子,民之父母。"民之所好好之,民之所恶恶之,此之谓民之父母。(《礼记·大学》)

11. 夏,郑杀申侯以说于齐,且用陈辕涛涂之谮也。初,申侯,申出也,有宠于楚文王。文王将死,与之璧,使行,曰:"唯我知女,女专利而不厌,予取予求,不女疵瑕也。后之人将求多于女,女必不免。我死,女必速行!无适小国,将不女容焉!"既葬,出奔郑,又有宠于厉公。子文闻其死也,曰:"古人有言曰:'知臣莫若君。'弗可改也已!"(《左传·僖公七年》)

12. 公孙龙问于魏牟曰:"龙少学先王之道,长而明仁义之行;

合同异,离坚白;然不然,可不可;困百家之知,穷众口之辩;吾自以为至达已。今吾闻庄子之言,汒焉异之。不知论之不及与？知之弗若与？今吾无所开吾喙,敢问其方。"公子牟隐机大息,仰天而笑曰:"子独不闻夫埳井之蛙乎？谓东海之鳖曰:'吾乐与！出跳梁乎井干之上,入休乎缺甃之崖；赴水则接腋持颐,蹶泥则没足灭跗；还虷蟹与科斗,莫吾能若也。且夫擅一壑之水,而跨埳井之乐,此亦至矣,夫子奚不时来入观乎？'东海之鳖左足未入,而右膝已絷矣。于是逡巡而却,告之海曰:'夫千里之远,不足以举其大；千仞之高,不足以极其深。禹之时,十年九潦,而水弗为加益；汤之时,八年七旱,而崖不为加损。夫不为顷久推移,不以多少进退者,此亦东海之大乐也。'于是埳井之蛙闻之,适适然惊,规规然自失也。"(《庄子·秋水》)

三、标点、翻译下列古文,并说明句中的词类活用、前置宾语、名词状语:

1. 颜渊季路侍子曰盍各言尔志子路曰愿车马衣轻裘与朋友共敝之而无憾颜渊曰愿无伐善无施劳子路曰愿闻子之志子曰老者安之朋友信之少者怀之(《论语·公冶长》)

2. 子曰德之不修学之不讲闻义不能徙不善不能改是吾忧也(《论语·述而》)

3. 齐景公问政于孔子孔子对曰君君臣臣父父子子公曰善哉信如君不君臣不臣父不父子不子虽有粟吾得而食诸(《论语·颜渊》)

4. 子曰君子易事而难说也说之不以道不说也及其使人也器之小人难事而易说也说之虽不以道说也及其使人也求备焉(《论语·子路》)

5. 万章问曰敢问友孟子曰不挟长不挟贵不挟兄弟而友友也者友其德也不可以有挟也孟献子百乘之家也有友五人焉乐正裘牧仲其三人则予忘之矣献子之与此五人者友也无献子之家者也此五人

者亦有献子之家则不与之友矣非惟百乘之家为然也虽小国之君亦有之费惠公曰吾于子思则师之矣吾于颜般则友之矣王顺长息则事我者也非惟小国之君为然也虽大国之君亦有之晋平公于亥唐也入云则入坐云则坐食云则食虽蔬食菜羹未尝不饱盖不敢不饱也然终于此而已矣弗与共天位也弗与治天职也弗与食天禄也士之尊贤者也非王公之尊贤也舜尚见帝帝馆甥于贰室亦飨舜迭为宾主是天子而友匹夫也用下敬上谓之贵贵用上敬下谓之尊贤贵贵尊贤其义一也(《孟子·万章下》)

5. 孔子曰益者三友损者三友友直友谅友多闻益矣友便辟友善柔友便佞损矣(《论语·季氏》)

6. 凡人之所以为人者礼义也礼义之始在于正容体齐颜色顺辞令容体正颜色齐辞令顺而后礼义备以正君臣亲父子和长幼君臣正父子亲长幼和而后礼义立故冠而后服备服备而后容体正颜色齐辞令顺故曰冠者礼之始也(《礼记·冠义》)

7. 大天而思之孰与物畜而制之从天而颂之孰与制天命而用之望时而待之孰与应时而使之因物而多之孰与骋能而化之思物而物之孰与理物而勿失之也愿于物之所以生孰与有物之所以成故错人而思天则失万物之情(《荀子·天论》)

8. 北有黎丘乡有奇鬼焉善效人之子侄昆弟之状邑丈人有之市而醉归者黎丘之鬼效其子之状扶而道苦之丈人归酒醒而诮其子曰吾为汝父也岂为不慈哉我醉汝道苦我何故其子泣而触地曰孽矣无此事也昔也往责于东邑人可问也其父信之曰嘻是必夫奇鬼也我固尝闻之矣明日端复饮于市欲遇而刺杀之明旦之市而醉其真子恐其父之不能反也遂逝迎之丈人望其真子拔剑而刺之(《吕氏春秋》)

9. 太史公曰古人有言曰爱之欲其富亲之欲其贵故王者壃土建国封立子弟所以褒亲亲序骨肉尊先祖贵支体广同姓于天下也是以

形势彊而王室安自古至今所由来久矣非有异也故弗论箸也燕齐之事无足采者然封立三王天子恭让群臣守义文辞烂然甚可观也是以附之世家。(《史记·三王世家》)

十　诗律与词律

诗词是指以古体诗、近体诗和格律词为代表的中国汉族传统诗歌,是古代文学的重要样式,也是中华文化重要的组成部分。今天我们仍能经常读到脍炙人口的古代诗词,因此有必要了解诗词格律的基本知识。

(一) 诗　律

诗律就是诗的格律,是作近体诗时所遵守的基本规则。

我国的诗歌历史悠久,源远流长。先秦时代便产生了我国最早的诗集——《诗经》和《楚辞》,汉魏六朝又出现了五言诗、七言诗和乐府,到了齐梁时代,诗体又有了新的发展。南朝齐永明年间,周颙注意到汉语平上去入四种声调,同时代的著名诗人沈约等人,自觉地把声律运用到诗歌创作中,力求做到"一简之内,音韵尽殊;两句之中,轻重悉异",创造了以讲究声律为特点的"永明体"。到了初唐,在诗歌创作中逐渐形成诗的格律,出现了按照诗律进行创作的格律诗。在诗歌发展史上,我们把唐代以前的诗歌和唐代不讲求格律的诗歌叫作"古体诗",简称"古诗";把唐代以后按照诗律创作的诗叫作"近体诗",或称"今体诗"。

近体诗区别于古体诗主要表现在四个方面:一、句数有规定;二、押韵有要求;三、讲究平仄;四、讲究对仗。诗律的基本内容也表现在这四个方面。

1. 句数的规定

古体诗句数没有规定,一首诗可以四句、五句,也可以八句、十句乃至更长;每句的字数可以是五个(五言)、七个(七言),也可以长短交错,比较自由。近体诗则不然,其句数有严格的规定,计有三类:律诗、绝句和排律,各自又分为五言和七言两种。

(1) 律诗

律诗不论五言还是七言,都是八句,由四联组成。每联两句,上一句叫作"出句",下一句叫作"对句"。各联都有自己的名称,第一联叫"首联",第二联叫"颔(hàn)联",第三联叫"颈联",第四联叫"尾联"。例如唐张九龄的五律《望月怀远》:

首联 { ①出句:海上生明月,
　　　②对句:天涯共此时。

颔联 { ③出句:情人怨遥夜,
　　　④对句:竟夕起相思。

颈联 { ⑤出句:灭烛怜光满,
　　　⑥对句:披衣觉露滋。

尾联 { ⑦出句:不堪盈手赠,
　　　⑧对句:还寝梦佳期。

又如唐杜甫的七律《登高》:

首联 { ①出句:风急天高猿啸哀,
　　　②对句:渚清沙白鸟飞迴。

颔联 { ③出句:无边落木萧萧下,
④对句:不尽长江滚滚来。

颈联 { ⑤出句:万里悲秋常作客,
⑥对句:百年多病独登台。

尾联 { ⑦出句:艰难苦恨繁霜鬓,
⑧对句:潦倒新停浊酒杯。

出句都是奇数句,对句都是偶数句。

(2)绝句

绝句仅有四句,恰是律诗的一半,由首尾两联组成。例如唐王维的五绝《相思》:

首联 { 出句:①红豆生南国,
对句:②春来发几枝。

尾联 { 出句:③愿君乡采撷,
对句:④此物最相思。

又如唐杜牧的七绝《泊秦淮》:

首联 { ①出句:烟笼寒水月笼沙,
②对句:夜泊秦淮近酒家。

尾联 { ③出句:商女不知亡国恨,
④对句:隔江犹唱后庭花。

(3)排律

十句以上的律诗叫"排律"。排律是律诗的延长,句数长短虽然没有具体的规定,但一般喜欢用整数,如十韵、二十韵、五十韵乃至一百韵等。有的虽然不是整数,但必须以韵(两句为一韵)为延长单位,不能出现单句。

2. 押韵的要求

韵是和谐的声音。古人把韵腹、韵尾和声调相同的字归在一起,叫作"韵部"。每一韵部都用一个字作为代表并确定其次第,叫作"韵目"。把汉字分韵编排在一起的书就是韵书。

诗人用韵一般是依据当代的语音,上古三十韵部反映的是先秦两汉的诗歌用韵。魏晋以后,汉语语音变化较大,因而历代诗人用韵也不一样,于是出现了许多供人们作诗时选字押韵的韵书。最早的韵书有三国魏李登的《声韵》、晋吕静的《韵集》,均已亡佚。隋代陆法言的《切韵》可以说是现存的韵书之祖,唐代孙愐的《唐韵》、北宋陈彭年等重修的《广韵》,都是增订《切韵》之作,它们成为唐宋诗人作诗用韵的依据。《切韵》分为193韵,《广韵》又细分206韵。由于这些韵书分韵过于琐细,当时已有"同用"的规定,即可以把邻近的韵合起来用。南宋江北平水刘渊的《壬子新刊礼部韵略》便把同用的韵合并起来,分为107韵。同时代的金人王文郁的《平水新刊韵略》进而归并为106韵,后简称为"平水韵"。

"平水韵"反映了唐代诗人作诗用韵的部类,唐以后乃至近现代,尽管实际语音已经发生了很大的变化,但人们作近体诗仍以"平水韵"作为押韵的依据。

近体诗和古体诗对押韵的要求有很大不同。古体诗可以句句相押,也可以隔句相押;可以一韵到底,也可以中间换韵;同一韵字还可以重复使用。近体诗用韵很严,除首句入不入韵两可以外,各联的对句(偶数句)必须押韵,而且要一韵到底,即只能用同一韵部的字,不能换韵,不能用相邻韵部的字,否则即为"出韵",出韵便不是标准的近体诗。此外,古体诗可以押平声韵,也可以押仄声韵,而近体诗一般只押平声韵,押仄声韵的极少,不然会被认为不正规。

3. 平仄的格式

平仄指平声和仄声,是个声调问题。古代汉语的平声,在现代汉语普通话中分化为阴平和阳平两种声调；仄是不平的意思，指上、去、入三声。古代汉语的入声在现代汉语普通话中已经消失，分别归入阴平、阳平、上声、去声。

（1）平仄的句式与规则

讲究平仄是近体诗格律中最重要的因素，古体诗则不讲平仄律。近体诗的平仄格式，按照首句第一二字（称作"起"）和最后一个字（称作"收"）的平仄来划分，有四种基本句式：

①仄起仄收：仄仄平平仄；
②平起平收：平平仄仄平；
③平起仄收：平平平仄仄；
④仄起平收：仄仄仄平平。

以上是五言的平仄句式。七言的平仄句式在五言句式的前面加上与句首二字相反的平仄，也是四种：

①平起仄收：　平平仄仄平平仄；
②仄起平收：　仄仄平平仄仄平；
③仄起仄收：　仄仄平平平仄仄；
④平起平收：　平平仄仄仄平平。

近体诗的平仄看起来似乎很复杂，但它的交替是有规律可循的。基本规则主要有下面三点：

①一句之中平仄交替，以造成声调的抑扬顿挫。如五言句的平仄，可以看成在"平平—仄仄"或"仄仄—平平"的基础上再加一个音节组成。需要注意的是：第一，这一个音节五言只能在句尾，七言只能在句子中间。第二，在句尾不能出现三个平声或仄声。句尾连续出现三个平声字，称"三平调"，是近体诗所不允许的。

②同一联中的出句与对句的平仄相反（主要看第二个字），称为"对"。违反这一要求，就是"失对"。

③上一联的对句与下一联的出句的平仄相同(主要看第二个字),称为"粘",违反了就称"失粘"。

时代较早的唐代作品,由于诗律还未完全定型,偶有一些失粘的律诗。如王维《使至塞上》前四句:

　　单车欲问边,属国过居延。
　　征蓬出汉塞,归雁入胡天。

"国"是入声字,第三句与第二句失粘。到了后来,失粘的情况非常罕见。至于失对,更是诗人需留心避免的。

上述规则与近体诗押韵要求(对句句尾必定是平声)结合起来,就构成了整首诗的平仄格式。下面分别加以说明:

甲、五律

(1)仄起仄收式

春望(杜甫)

①仄仄平平仄　出句,仄起仄收式。　国破山河在,
②平平仄仄平　对句,对,尾必平。　城春草木深。
③平平平仄仄　出句,粘,尾必仄。　感时花溅泪,
④仄仄仄平平　对句,对,尾必平。　恨别鸟惊心。
⑤仄仄平平仄　出句,粘,尾必仄。　烽火连三月,
⑥平平仄仄平　对句,对,尾必平。　家书抵万金。
⑦平平平仄仄　出句,粘,尾必仄。　白头搔更短,
⑧仄仄仄平平　对句,对,尾必平。　浑欲不胜簪。

(2)平起平收式(首句入韵)

晚晴(李商隐)

①平平仄仄平　出句,平起平收式。　深居俯夹城,
②仄仄仄平平　对句,对,尾必平。　春去夏犹清。
③仄仄平平仄　出句,粘,尾必仄。　天意怜幽草,

④平平仄仄平　对句,对,尾必平。　人间重晚晴。
⑤平平平仄仄　出句,粘,尾必仄。　并添高阁迥,
⑥仄仄仄平平　对句,对,尾必平。　微注小窗明。
⑦仄仄平平仄　出句,粘,尾必仄。　越鸟巢干后,
⑧平平仄仄平　对句,对,尾必平。　归飞体更轻。

(3) 平起仄收式

山居秋暝(王维)

①平平平仄仄　出句,平起仄收式。　空山新雨后,
②仄仄仄平平　对句,对,尾必平。　天气晚来秋。
③仄仄平平仄　出句,粘,尾必仄。　明月松间照,
④平平仄仄平　对句,对,尾必平。　清泉石上流。
⑤平平平仄仄　出句,粘,尾必仄。　竹喧归浣女,
⑥仄仄仄平平　对句,对,尾必平。　莲动下渔舟。
⑦仄仄平平仄　出句,粘,尾必仄,　随意春芳歇,
⑧平平仄仄平　对句,对,尾必平。　王孙自可留。

(4) 仄起平收式(首句入韵)

月夜忆舍弟(杜甫)

①仄仄仄平平　出句,仄起平收式。　戍鼓断人行,
②平平仄仄平　对句,对,尾必平。　边秋一雁声。
③平平平仄仄　出句,粘,尾必仄。　露从今夜白,
④仄仄仄平平　对句,对,尾必平。　月是故乡明。
⑤仄仄平平仄　出句,粘,尾必仄。　有弟皆分散,
⑥平平仄仄平　对句,对,尾必平。　无家问死生。
⑦平平平仄仄　出句,粘,尾必仄。　寄书长不达,
⑧仄仄仄平平　对句,对,尾必平。　况乃未休兵。

乙、七律

(1) 平起仄收式

客至（杜甫）

①平平仄仄平平仄　舍南舍北皆春水。
②仄仄平平仄仄平　但见群鸥日日来。
③仄仄平平平仄仄　花径不曾缘客扫，
④平平仄仄仄平平　蓬门今始为君开。
⑤平平仄仄平平仄　盘飧市远无兼味，
⑥仄仄平平仄仄平　樽酒家贫只旧醅。
⑦仄仄平平平仄仄　肯与邻翁相对饮，
⑧平平仄仄仄平平　隔篱呼取尽余杯。

（2）仄起平收式（首句入韵）

无题（李商隐）

①仄仄平平仄仄平　相见时难别亦难，
②平平仄仄仄平平　东风无力百花残。
③平平仄仄平平仄　春蚕到死丝方尽，
④仄仄平平仄仄平　蜡炬成灰泪始干。
⑤仄仄平平平仄仄　晓镜但愁云鬓改，
⑥平平仄仄仄平平　夜吟应觉月光寒。
⑦平平仄仄平平仄　蓬山此去无多路，
⑧仄仄平平仄仄平　青鸟殷勤为探看。

（3）仄起仄收式

闻官军收河南河北（杜甫）

①仄仄平平平仄仄　剑外忽传收蓟北，
②平平仄仄仄平平　初闻涕泪满衣裳。
③平平仄仄平平仄　却看妻子愁何在，
④仄仄平平仄仄平　漫卷诗书喜欲狂。
⑤仄仄平平平仄仄　白日放歌须纵酒，
⑥平平仄仄仄平平　青春作伴好还乡。

⑦平平仄仄平平仄　　即从巴峡穿巫峡，
⑧仄仄平平仄仄平　　便下襄阳向洛阳。

(4) 平起平收式(首句入韵)

钱塘湖春行(白居易)

①平平仄仄仄平平　　孤山寺北贾亭西，
②仄仄平平仄仄平　　水面初平云脚低。
③仄仄平平平仄仄　　几处早莺争暖树，
④平平仄仄仄平平　　谁家新燕啄春泥。
⑤平平仄仄平平仄　　乱花渐欲迷人眼，
⑥仄仄平平仄仄平　　浅草才能没马蹄。
⑦仄仄平平平仄仄　　最爱湖东行不足，
⑧平平仄仄仄平平　　绿杨荫里白沙堤。

此外，绝句虽然只有四句，排律尽管可以延长至数百句，但它们的平仄格式也都是按照"粘""对"等规则构成的。

(2) 平仄不拘与拗救

上述四种格式是近体诗平仄的基本格式，在诗人的创作中许多诗作与这些基本格式并不完全一致。例如白居易的《赋得古原草送别》：

离离原上草，　　平平平仄仄
一岁一枯荣。　　仄仄仄平平
野火烧不尽，　　仄仄平平仄
春风吹又生。　　平平仄仄平
远芳侵古道，　　平平平仄仄
晴翠接荒城。　　仄仄仄平平
又送王孙去，　　仄仄平平仄
萋萋满别情。　　平平仄仄平

上面平仄上加符号的四处,表示白居易此诗在格式是"平"的地方用了仄声,而在格式是"仄"的地方用了平声。它们又分为两种情况,加○的是一类,加△的是另一类。分述如下:

其一,近体诗有的地方平仄要求不严,可以不拘平仄,上例加○的即属此类。再看杜甫《闻官军收河南河北》一诗的平仄:

剑外忽传收割北,　　仄仄平平平仄仄
初闻涕泪满衣裳。　　平平仄仄仄平平
却看妻子愁何在,　　平平仄仄平平仄
漫卷诗书喜欲狂。　　仄仄平平仄仄平
白日放歌须纵酒,　　仄仄平平平仄仄
青春作伴好还乡。　　平平仄仄仄平平
即从巴峡穿巫峡,　　平平仄仄平平仄
便下襄阳向洛阳。　　仄仄平平仄仄平

此诗首句第二字,格式是"平"而用了仄声字"忽";第二联首字,格式是"平"而用了仄声字"却",第三字,格式是"仄"而用了平声字"妻",等等,但所有这些部位,都是可以不拘平仄的,因此,杜甫此诗是符合平仄律要求的:近体诗句第一、第三、第五字(五言则为一、三字)往往可以不拘平仄,因此前人有"一、三、五不论"的说法。但要注意这句话并不完全符合实际,下面将有所说明。

其二,近体诗有些地方对平仄要求很严,不能随意变动,否则就叫作"拗"。出现了"拗"就必须采取补救措施,称为"救"。"一三五不论,二四六分明",这个口诀大体上是对的,但不够严密,具体说明如下:

(1)五言"平平仄仄平"中的第一个字,七言"仄仄平平仄仄平"中的第三个字应该用平声,如果改用仄声字,全句除句尾外,只有一个平声,这就叫"犯孤平"。"犯孤平"是诗家大忌。但孤平是可以救的,即把本句第三个字(七言是第五个字)由仄声改为平声,全句变成"仄平平仄平""仄仄仄平平仄平"。例如李白《宿五松山下荀媪家》颈联:

  跪进雕胡饭, 仄仄平平仄
  月光明素盘。 仄平平仄平

对句第一字当用平声字而用了仄声字"月",出现了"拗",第三字就用平声字"明"来"救",成"仄平平仄平"。

  (2)五言"仄仄平平仄"中的第四个字,七言"平平仄仄平平仄"中的第六个字也允许改用仄声字,但必须把对句的第三个字(七言是第五个字)由仄声字改为平声字来补救。例如前面所举的白居易诗《赋得古原草送别》:

  野火烧不尽, 仄仄平平仄
  春风吹又生。 平平仄仄平

出句因"不"拗而成为"仄仄平仄仄",对句第二三个字就改用平声字"吹"来补救,成为"平平平仄平"。

  (4)五言"平平平仄仄"中的第四个字、七言"仄仄平平平仄仄"中的第六个字也可以不分明,可以改用平声字,但必须要把五言第三个字和七言第五个字由平声改为仄声来补救,成为"平平仄平仄""仄仄平平仄平仄"的格式。例如王勃诗《送杜少府之任蜀川》:

  无为在歧路, 平平平仄仄

第四字应仄而用了平声字"歧",出现了"拗",第三字就用了仄声字"在"来补救,成"平平仄平仄"。"平平仄平仄"这种格式是很常见的,几乎取得了与"平平平仄仄"同样的正格地位。

  拗救还有一些格式,不详述。除拗救的情况外,"一三五不论,二四六分明"比较正确地说明了近体诗平仄律的基本要求。

4. 对仗的规定

对仗,又称"骈偶""对偶",两马并驾为"骈",两人并列为"偶",都是两两相对,古代的仪仗也是两两相对的,所以称对仗。诗的对仗是指词语相对,即同一联的两句中位置相同的词要词性相配:名词对名词、动词对动词、形容词对形容词、副词对副词,等等。例如王维《新晴野望》:

首联 { 新晴原野旷,
极目无氛垢。

颔联 { 郭门临渡头,
村树连溪口。

颈联 { 白水明田外,
碧峰出山后。

尾联 { 农月无闲人,
倾家事南亩。

颔联的"郭"与"村"、"门"与"树"、"渡"与"溪"、"头"与"口",是名词与名词相对,"临"与"连"是动词与动词相对;颈联中的"白"与"碧"是形容词相对,"水"与"峰"、"田"与"山"、"外"与"后"是名词相对,都很工整。而"明"与"出"是形容词与动词相对,这是否算做对仗呢?仍是对仗。因为古人并没有现代这样明确的语法概念和严格的划分。在诗句中,名词、动词是主要成分,名词必须和名词相对,而形容词有时却可以和动词(尤其是不及物动词)相对。

古体诗对仗没有明确要求,近体诗则必须有对仗。律诗一般要在颔联、颈联处对仗,更少颈联要对仗。绝句则根据不同情况,呈现多种形式:有的可以完全不用对仗,有的可以都用对仗,有的前一联用对仗,有的后一联用对仗,不作统一规定。排律除首尾两联外,都要对仗。

总括对仗的情况,一般可分为三类:即工对、邻对和宽对:

1.工对。是指意义范畴一致的词的对仗。如以天文对天文,地理对地理,人伦对人伦,器物对器物,颜色对颜色等。如于武陵《南游有感》:

> 东风千岭树,
> 西日一洲苹。

"东"与"西"都是方位名词,"风"与"日"都属天文类,"千"与"一"都是数词,"岭"与"洲"都是地理类,"树"与"苹"都是植物类,对得十分工整。

诗人还常利用汉字一字多义和同音字的特点,巧妙地进行对仗。这类对仗中看上去并行两字的意义范畴并不一致,但某字另外的意义却和并行字的意义范畴一致,因而构成工整的对仗,这就是"借对"。借对又分为借义与借音两种。

(1)借义。例如李商隐诗《无题》:

> 曾是寂寥金烬暗,
> 断无消息石榴红。

"石榴"是个水果的名词,但句中借"土石"之"石"的意义与"金"对仗。又如杜甫诗《九日》:

> 竹叶于今既无分,
> 菊花从此不须开。

诗中的"竹叶"本是酒名,借"竹子叶"的意义与"菊花"对仗,十分工整。

（2）借音。例如杜甫诗《独坐》：

  沧溟恨衰谢，
  朱绂负平生。

借"沧"为"苍"与"朱"相对。

  马骄珠汗落，
  野鹤清晨出。

借"珠"为"朱"，借"清"为"青"，颜色对颜色，仍是工对。

2.邻对。是指意义范畴相近的词的对仗。例如李白诗《送友人入蜀》：

  山从人面起，
  云傍马头生。

用地理类的"山"与天文类的"云"相对。

3.宽对。是指词义并不相对，而只是词性相对的对仗。例如元稹诗《早归》：

  饮马鱼惊水，
  穿花露沾衣。

在近体诗的对仗中，力求避免同义词和同字相对，这也是其在对仗要求上与古体诗的区别之一。

（二）词　律

  词律是词的格律，是作词必须遵守的规则。
  词产生于唐代，最初是民间演唱曲子的歌词，所以称为"曲子词"。中唐时期，一些文人也开始为曲子配词，从而使词的内容不断丰富，艺术技巧也趋于成熟，逐渐成了诗的别体。至宋代，词的创作达到了鼎盛时期,成为宋代文学的主要样式。

词与音乐有着密切的关系,由乐以定词是它的重要特点。词是可以歌唱的诗,词的句子一般是长短不齐的,词的创作是依声填词的,因而它有着严格的声律。其后虽然渐渐脱离了乐曲,但词的创作仍受词调的严格约束。

词与古体诗不同。古体诗中也有长短句,但那是任意的,而词的长短句则必须依循词调的要求。

词与近体诗在形式上的区别更为明显。词是长短句交错的,而近体诗是五言或七言诗句的整齐排列。为适应演唱的需要,词在平仄变化上与近体诗也有很大不同,词的平仄必须依照词谱的规定,这一点比诗的要求更严格,更固定。

1. 词调、词牌和词谱

词调是写词时依据的乐谱。各种不同的词调本来具有各不相同的声情,但由于乐谱的失传,词和音乐脱离,词的内容就不一定与词调的声情一致了。

词牌是各种词调的名称,来源各不相同:有的取自乐府诗题,如"乌夜啼""长相思"等;有的取自唐代教坊乐曲的名称,如"浪淘沙""西江月"等;有的截取本词中的词句,如《忆王孙》取自秦观的"萋萋芳草忆王孙"句,《忆秦娥》始于李白的"箫声咽,秦娥梦断秦楼月"句等;有的采用古人的诗句,如《玉楼春》取自白居易"玉楼宴罢醉和春"句,《渡江云》取自杜甫"风入渡江云"句等;有的采用地名,如姜夔过扬州时创作的词就命名为《扬州慢》;有的还以风俗习惯命名,如《菩萨蛮》因女蛮国妇女装束似菩萨而得名;有的用宫调名,如《六幺令》《角招》等;有的本来就是词的题目,如《虞美人》是吟咏虞姬的,《别怨》是写惜别的,《渔歌子》是表现渔父的,等等。后来词牌与词的内容相脱离,有的作家就又另注词题,如苏轼《水调歌头》下注"中秋",而词牌所表示的就仅仅是该词所用的句式、平仄和用韵了。

由于对同一首词命名角度不同或词人按照乐曲创作时的一些变化,所以出现了一调数名和数调同名的情况。

(1)一调数名。如《念奴娇》又名《百字令》《百字谣》《大江东去》《大江西上曲》《壶中天》,等等;《忆江南》又名《梦江南》《归塞北》《望江梅》《江南好》《春去也》《谢秋娘》,等等。

(2)数调同名。如《忆王孙》有31字和54字两体,《相见欢》《锦堂春》别称都是《卖花声》,等等。《词谱》一书收了826个词调,但有2206体,可见同调异名之多。

词谱是辑录各种词调、说明词的格律的著作,比较完备的有清代万树编的《词律》和王奕清等奉康熙皇帝之命编的《钦定词谱》。词谱对各种词调的句式、平仄、韵律都有具体的标明。例如《词律》中的《水调歌头》:

水调歌头　九十五字

明月几时有句把可平酒问青天韵不可平知天可仄上宫可仄阙可平今可仄夕是何年叶我可平欲乘可仄风归可仄去句又可平恐琼楼玉可平宇句高可仄处不胜寒叶起舞弄清影句何可仄似在人间叶　转可平朱可仄阁可平低可仄绮可平户句照无眠叶不可平应有可平恨何可仄事可平常可仄向别时圆叶人可仄有悲可仄欢离可仄合句月可平有阴晴圆可仄缺句此可平事古难全叶但可平愿人可仄长久句千可仄里共婵娟叶

"叶"表示押韵,创作时,除标明可平可仄者外,其余的平仄都要严格依照苏词的平仄。

2. 词的字数和分段

最初作词,字数并无严格的规定。因是为乐曲配词,所以词的长短悉依乐谱。唐五代的词都是短调,宋词兼有长调。后来词的创作逐渐与乐曲脱离,作词都依据词谱。按《词律》所载,最短的词是《竹枝词》,仅14字;最长的是《莺啼序》,达240字,如南宋吴文英《莺啼序》:

> 残寒正欺病酒,掩沈香绣户。燕来晚、飞入西城,似说春事迟暮。画船载、清明过却,晴烟冉冉吴宫树。念羁情、游荡随风,化为轻絮。　十载西湖,傍柳系马,趁娇尘软雾。溯红渐、招入仙溪,锦儿偷寄幽素。倚银屏、春宽梦窄,断红湿、歌纨金缕。暝堤空,轻把斜阳,总还鸥鹭。　幽兰旋老,杜若还生,水乡尚寄旅。别后访、六桥无信,事往花委,瘗玉埋香,几番风雨。长波妒盼,遥山羞黛,渔灯分影春江宿,记当时、短楫桃根渡。青楼仿佛,临分败壁题诗,泪墨惨淡尘土。　危亭望极,草色天涯,叹鬓侵半苎。暗点检:离痕欢唾,尚染鲛绡,亸凤迷归,破鸾慵舞。殷勤待写,书中长恨,蓝霞辽海沈过雁,漫相思、弹入哀筝柱。伤心千里江南,怨曲重招,断魂在否?

根据字数的多少,词分为小令、中调、长调三大类:58字以内为小令;59字至90字为中调;91字以上为长调,实际上分类的界限不一定这样严格。

词牌上有"令""引""近""慢""摊破""减字""偷声""促拍"等名称,它们都与词的字数多少相关。"令"是词牌的通称,许多词牌尾加"令"字与原调并无区别;词牌尾加"引""近"的词,字数比原词多,如《千秋岁引》比《千秋岁》多10字;《诉衷情近》比《诉衷情》多42字。加"慢"字的则增加更多,如《浪淘沙》54字,《浪淘沙慢》达132字,《西江月》50字,而《西江月慢》达104字等,这些都属长调。

词牌上加"摊破"的不仅比本调字数有所增加(摊),而且个别句还分为两句(破)。加"减字""偷声"的则字数比本调有所减少,如《木兰花》56 字,《减字木兰花》为 44 字,《偷声木兰花》50 字,加"促拍"的则字数比本调增多,如《丑奴儿》44 字,《促拍丑奴儿》62 字。

最短的词是不分段的,绝大多数词都是一首分为数段的。较长的词则分为两段,叫做"双叠",即前后(或称上下)两阕(也叫"阕""片")。"叠""阕""阕""片"都是段的意思,两阕的字数相等或基本相等,平仄也相同。

不分段的词叫做"单调",分两段的词叫做"双调"或"双叠",三段、四段的则称为"三叠""四叠"。

双调(双叠)的前后两阕字数不相等的,一般下阕开头的两三句字数不同或平仄不同,叫做"换头"。例如宋代晏几道的《鹧鸪天》:

> 彩袖殷勤捧玉钟,当年拼却醉颜红。舞低杨柳楼心月,歌尽桃花扇底风。　从别后,忆相逢,几回魂梦与君同?今宵賸把银釭照,犹恐相逢是梦中。

如果前后两阕句数、字数相等,可以认为是正式的双调。

3. 词的用韵

词的用韵与近体诗不同,近体诗是封建时代科举考试的科目,用韵有明确的规定,而词是"诗之余",对词的用韵没有正式的规定。唐词都用诗韵,五代以后,逐渐与诗韵分离,加上词是为演唱而作的,用韵都按照乐曲的要求,以做到顺口悦耳。由于地域不同,方言各异,用韵也出现了种种变化。归纳起来主要有四种情况:

(1)一韵到底。这类词占大多数,和近体诗用韵相同。例如

《渔歌子》《浪淘沙》等都是平声韵,《念奴娇》《水龙吟》都用仄声韵等。

(2) 同部上声、去声通押。在唐宋古体诗中,已有上、去声通押的情况,在词中更加普遍。例如苏轼《永遇乐》:

明月如霜,好风如水,清景无限(上声,产韵)。曲港跳鱼,圆荷泻露,寂寞无人见(去声,霰韵)。如三鼓,铿然一叶,黯黯梦云惊断(去声,换韵)。夜茫茫、重寻无处。觉来小园行遍(去声,线韵)。　　天涯倦客,山中归路,望断故园心眼(上声,产韵)。燕子楼空,佳人何在? 空锁楼中燕(去声,霰韵)。古今如梦,何曾梦觉? 但有旧欢新怨(去声,愿韵)。异时对、黄楼夜景,为余浩叹(去声,翰韵)。

用上声韵限、眼与去声见、断、遍、燕、怨、叹通押,都在第七部。

(3) 同部平仄互押;即同部平声和上去声互押。例如司马光《西江月》:

宝髻松松挽就,铅花淡淡妆成(平声,清韵)。红烟翠雾罩轻盈(平声,清韵),飞絮游丝无定(去声,径韵)。　　相见争如不见,有情还似无情(平声,清韵)。笙歌散后酒微醒(上声,迥韵),深院月明人静(上声,静韵)。

以上成、盈、定、情、醒、静平仄互押,都在第十一部。平仄互押和上去通押不同,上去通押是任意的,没有限定位置;平仄互押却是规定某处用平,某处用仄,不能任意改变。

(4) 平仄换韵。"通押"和"互押"都是在同一韵部内进行,而平仄换韵则是改换韵部,一般以平转仄或仄转平为原则。换韵位置也有具体规定。例如欧阳炯的《南乡子》:

岸远沙平(平声,庚韵,十一部),日斜归路晚霞明(平声,庚韵,十一部)。孔雀白怜金翠尾(上声,尾韵,三部),临水(上声,音韵,三部),认得行人惊不起(上声,止韵,三部)。

这首词"平"字平声起韵,"明"与"平"同为十一部庚韵;到"尾"换仄声的尾韵;"水"押旨韵,"起"押止韵,与"尾"同在第三部。

后人归纳宋词的用韵情况,编了各种词韵专著,其中以清代戈载所著的《词林正韵》比较完备,一般论词韵都以此为准绳。

4. 词的平仄

词是长短句,句式丰富多样,从一字句到十一字句都有。词的平仄交错变化,相当复杂,例如四字句有 8 种句式:仄平平仄、平平平仄、仄平仄仄、平仄平平、平仄仄平、仄仄仄平、平平仄仄、仄仄平平,五字句有十几种平仄句式,而六字句竟多达 20 余种。这些平仄句式,既有与近体诗相同的律句,也存在小有变化的准律句,还有与律句相对为词所特有的拗句。

词的平仄变化虽然复杂多样,但也不是任意的。何处用仄,何处该平,词谱都有明确的规定,许多地方比近体诗要求更为严格,主要表现在两个方面:

(1)律诗里有些子仄不拘的地方,词里却不能变通。例如"仄仄平平仄"的第一字,在律诗里可平,而在有些词里必平;"平平平仄仄""仄仄仄平平"第一字在有些词里必平或必仄,不能改变。

(2)律诗里仄声中的上、去、入可以通用,而词里的仄声有时要上、去、入分清,不能通用。尤其是去、入二声,有些词调有明确规定,不能改用他声。例如姜夔的《扬州慢》:

淮左名都,竹西佳处,解鞍少驻初程。过春风十里,尽荠麦青青,自胡马窥江去后,废池乔木,犹厌言兵。渐黄昏,清角吹寒,都在空城。　　杜郎俊赏,算而今、重到须惊。纵豆蔻词工,青楼梦好,难赋深情。二十四桥仍在,波心荡、冷月无声。念桥边红药,年年知为谁生?

词中领头句首字都需用去声,正如万树在《词律》中所说:"盖此一字领句必去声方唤得起下面也。"

词的平仄之所以比近体诗的要求更严、更细,根本原因是乐曲的需要。词是用来演唱的,择调选字必须合乎音乐的律度。北宋词人选字更进一步分五音、五声、六律、清浊音等,以配合、强化音乐的声调,这就远不是平仄所能概括的了。

5. 词的对仗

词的对仗与近体诗的对仗有很大的区别。

首先,近体诗必须讲究对仗,而词的对仗则没有固定要求,可以对仗,也可以不对仗,至于在什么位置上对仗则更是自由的了。

其次,近体诗的对仗在声调上要求平仄相对,而词的对仗平仄可以不相对。例如。

　　　纤云弄巧　　平平仄仄
　　　飞星传恨　　平平平仄　(秦观《鹊桥仙》)
　　　一川烟草　　仄平平仄
　　　满城飞絮　　仄平平仄　(贺铸《青玉案》)

再次,近体诗避免同字相对,而词却不避同字相对。例如:

　　　春到三分,秋到三分。　(吴文英《一剪梅》)
　　　红了樱桃,绿了芭蕉。　(蒋捷《一剪梅》)
　　　春晴也好,春阴也好。　(史达祖《解佩令》)

此外,还有两种对仗是词所特有的,都出现在一字豆之后。

（1）一般词在上下句字数相同的时候常用对仗，但有时上下两句字数不相同，也可以用对仗。例如：

　　爱箫声缥缈，帘影玲珑。（马洪《凤凰台上忆吹箫》）
　　正十分皓月，一半春光。（吴文英《高阳台》）
　　但身为利锁，心被名牵。（吴潜《满庭芳》）

这种情况多出现在上五下四的两句。因为上面虽是五个字，但实际上是四字句加一字豆，所以可以对仗。

（2）扇面对。就是上两句和下两句对仗。例如：

　　似谢家子弟，衣冠磊落；
　　相如庭户，车骑雍容。　（辛弃疾《沁园春·灵山齐庵赋》）
　　叹年光过尽，功名未立；
　　书生老去，机会方来。（刘克庄《沁园春·梦孚若》）

"似"和"叹"都是一字豆，后面的四句构成对仗：第一句"谢家子弟"和第三句"相如庭户"对仗；第二句"衣冠磊落"和第四句"车骑雍容"对仗，这就是"扇面对"。扇面对多出现在《沁园春》中。

练习十

一、简要回答下列问题

1. 什么是古体诗？什么是近体诗？近体诗的主要特点及其与古体诗的主要区别是什么？
2. 什么是平仄？什么是粘对？什么是拗救？
3. 什么是三平调？什么是犯孤平？
4. 什么是对仗？什么是工对、宽对？什么是借对？什么是流水对？

5. 近体诗(包括排律)在对仗上有什么要求?

6. 什么叫词调、词牌、词谱?

7. 词的用韵、平仄、对仗与近体诗有什么不同?

8. 在词牌上要注意的问题是什么?

9. 在词牌后面加上令、近、引、慢、偷声、减字、摊破等字后,与本调是什么关系?

二、根据诗律要求写出五律、七律的平仄格式,每种10句。

三、标出下列律诗的平仄,平仄不合处画圈,并说明有无三平调和犯孤平:

听筝　李端

鸣筝金粟桂,素手玉房前。
欲得周郎顾,时是误拂弦。

鹿柴　王维

空山不见人,但闻人语响。
返景入深林,复照青苔上。

送崔九　裴迪

归山深浅去,须尽丘壑美。
莫学武陵人,暂游桃源里。

终南望余雪　祖咏

终南阴岭秀,积雪浮云端。
林表明霁色,城中增暮寒。

宿建德江　孟浩然

移舟泊烟渚,日暮客愁新。

野旷天低树，江清月近人。

八阵图　杜甫
功盖三分国，名成八阵图。
江流石不转，遗恨失吞吴。

问刘十九　白居易
绿蚁新醅酒，红泥小火炉。
晚来天欲雪，能饮一杯无？

登乐游原　李商隐
向晚意不适，驱车登古原。
夕阳无限好，只是近黄昏。

绝句　李清照
生当作人杰，死亦为鬼雄。
至今思项羽，不肯过江东。

早发白帝城　李白
朝辞白帝彩云间，千里江陵一日还。
两岸猿声啼不住，轻舟已过万重山。

绝句　夏元鼎
崆峒访道至湘湖，万卷诗书看转愚。
踏破铁鞋无觅处，得来全不费工夫。

墨竹图题诗　郑燮

衙斋卧听萧萧竹,疑是民间疾苦声。
些小吾曹州县吏,一枝一叶总关情。

天末怀李白　杜甫

凉风起天末,君子意如何。
鸿雁几时到,江湖秋水多。
文章憎命达,魑魅喜人过。
应共冤魂语,投诗赠汨罗。

春夜喜雨　杜甫

好雨知时节,当春乃发生。
随风潜入夜,润物细无声。
野径云俱黑,江船火独明。
晓看红湿处,花重锦官城。

旅夜书怀　杜甫

细草微风岸,危樯独夜舟。
星垂平野阔,月涌大江流。
名岂文章著,官应老病休。
飘飘何所似? 天地一沙鸥。

月夜忆舍弟　杜甫

戍鼓断人行,边秋一雁声。
露从今夜白,月是故乡明。
有弟皆分散,无家问死生。
寄书长不达,况乃未休兵。

蜀相　杜甫

丞相祠堂何处寻？锦官城外柏森森。
映阶碧草自春色，隔叶黄鹂空好音。
三顾频烦天下计，两朝开济老臣心。
出师未捷身先死，长使英雄泪满襟。

客至　杜甫

舍南舍北皆春水，但见群鸥日日来。
花径不曾缘客扫，蓬门今始为君开。
盘飧市远无兼味，樽酒家贫只旧醅。
肯与邻翁相对饮，隔篱呼取尽余杯。

左迁蓝关示侄孙湘　韩愈

一封朝奏九重天，夕贬潮州路八千。
欲为圣明除弊事，肯将衰朽惜残年。
云横秦岭家何在？雪拥蓝关马不前。
知汝远来应有意，好收吾骨瘴江边。

咏怀古迹　杜甫

诸葛大名垂宇宙，宗臣遗像肃清高。
三分割据纡筹策，万古云霄一羽毛。
伯仲之间见伊吕，指挥若定失萧曹。
运移汉祚终难复，志决身歼军务劳。